共に成長!
共に成功!
この度は、イーウーパスポートに
ご入会頂き、ありがとうございます。
共に頑張りましょう!!
佐藤大介

1日1時間で月収100万円!

輸入ビジネスがすらすらデキる本

佐藤大介著

自由国民社

序章　田中くん、輸入ビジネスと出会う

「ちくしょう！　やっぱりついてないや…」

雑居ビルの入口をポンッと蹴り出て、田中一郎くんはぼやいた。

ビルの3階にある部品メーカーの事務所を訪ねたところだった。コピー機の売り込み電話57件目にようやくアポイントを取り付けた会社だ。しかし、訪ねてみたら、約束したはずの担当者は外出から戻っていないという。

結局、相手にしてみれば、その程度の約束でしかなかったのだ。そう思うと、田中くんは自分の懸命さが滑稽にも思えた。

田中一郎くんは、現在24歳。

名前のせいではないが、一浪して滑り止めで受けた大学にだけ受かった。

そこそこに勉強し、そこそこの成績。それなりに就活はしてみたが、田中くんのそこそこが通用するほど、世間は甘くなかった。

まわりの仲間が就職先を決めていく中で、田中くんだけが内定がもらえず、「就職も一浪か…」と諦めかけたころ、大学の就職課が「ホントに、これが最後ですからね」となけなしの一社を斡旋してくれた。

3度の面接の末にようやく得たのは、社員10名ほどの小さなオフィス機器販売会社の営業職だった。

田中くんの上司の課長は自分の新規開拓に忙しく、部下のことはほったらかし。とにかく、「飛び込み営業をしろ」と言われ、1日20件も30件も会社に飛び込んでパンフレットを置かせてもらった。最近は、飛び込みの合間の電話セールスも日課に加わった。

田中くんなりに頑張ってはいるが、もともと自分から前に出るのはあまり得意ではない。そのためか、入社してもうすぐ1年になるというのに、田中くんの営業成績はずっと上向かないままだ。

とくにここ3カ月はまったく契約が取れていない。課長から「今月1件も契約が取れなかったらクビだ」と、脅かされていた。

そして、今日がその日だ。

田中くんはこの日も30件飛び込んだが、1件も成約できなかった。最後の望みを託した部品メーカーにも肩すかしをくらわされ、そのあとはよく覚えていない。ビルの谷間をよろよろ徘徊しながら、気持ちが落ち着いたときには、時間はすでに19時を超えていた。

「ハァ……。就職して1年ちょっと。また職探しか」

ため息をついて空を見上げると、目の前のビルにポツッと灯がついた部屋が見えた。このまま諦めてしまうのもなんとなく悔しくて、田中くんは「これを最後にしよう」と、ビルの入口に踏み込んだ。

ガラスの自動ドアが開くと、30代後半くらいのおじさんが大型のコピー機のカバーをあけて中を覗き込んでいるのが見えた。

田中くんは一瞬、嫌な予感がした。たいていの会社にはすでに大型のコピー機が入っていて、そういう場合は、ほとんどが門前払いだったからだ。

しかも、そのおじさんの目の前にあるコピー機は、つい先月発売されたばかりの最新型のコピー機。自社製品よりも優れたコピーの前で、自社のコピー機が営業できるわけがない。

諦めて帰ろうとした田中くんに、おじさんが声をかけてきた。

「キミ、コピー機のセールスの人？　だったらちょっと見てくれないか。いきなりコピーができなくなってしまったんだ」

田中くんは商売にならないと思いつつ、一つひとつコピー機を上から点検していった。

原因はすぐにわかった。単なるトナー切れだ。

しかし、このコピー機は最新型なので、トナーも特殊。カメラ店や量販店ではなかなか売っていないものだった。

おじさんは田中くんの説明を聞くと、大変困ったように、

「今ここにＦＡＸが届くんだけど、どうしてもそれを印刷しないとまずいんだ」

と苦しそうな声で言った。

「キミ、何とかできないかね？」

もちろん、こんな時間にライバル会社の特殊なトナーなんて、田中くんに用意でき

るはずがない。しかし、そのとき田中くんにあるアイデアがひらめいた。

「すみません。10分だけ待ってください。もしかしたら、なんとかなるかもしれません」

田中くんは自分のパンフレットの入ったカバンをそこに置くと、そのままビルを飛び出した。

そして5分後。

田中くんはなんとその最新コピー機のトナーを持って現れたのだ。おじさんは驚いたようにたずねた。

「いったいどうやってトナーを手に入れたんだい？」

じつは、田中くんはこの日この近くのエリアをくまなく営業していて、同じ最新機種のコピー機をほかのビルで何台か見ていたのだ。

そこで、まだ明かりのついていた事務所に飛び込み、何度も頭を下げて、「明日新しいのを持ってきますから」とお願いし、名刺を置いて無理やりトナーを借りてきたのだ。

それまで、厳しい顔をしていたおじさんは急に笑顔になると、

「キミのおかげで助かったよ」と田中くんの肩を叩き、早速コピーを始めた。

ＦＡＸで送られてきたのは注文書だった。

「国旗？　ここは国旗を販売している会社なんですか？」

注文書に書かれた品名を見ながら田中くんが聞くと、おじさんはにっこりしながら、

「僕はね、海外輸入ビジネスをやっているんだ。これはお客さんから商品を買いたいという注文書」

「国旗を欲しがる人がこんなにいるとは思わなかったな。運動会の万国旗くらいしか知らないし」

「ほら、サッカーの試合とか、マラソンのコースとか、よく小さな国旗を振ってる人がいるじゃない。僕が注文をもらったのはそういう国旗。大きな国際試合なんかの前にはよく売れるんだよ」

おじさんは、注文書を重ね、トントンと端をそろえながら言った。

「あぁ、見たことありますよ。小さい日ノ丸の旗ですよね。それを海外から輸入してるんですね？」

「そうだよ。お客さんに代わって僕が仕入れるんだよ」

と田中くんの問いに答えたあと、おじさんはさらに言葉を続けた。

「ところで、キミ、田中くんといったね。この旗、1本いくらで仕入れてると思う？」

「う〜ん。見当もつかないな。それほど高くはないだろうけど」

「じつはね、1本10円。じゃ、それがいくらで売れると思う？」

「え〜。買ったことないからな。倍くらいの値段ですか？」

田中くんの会社で扱っているコピー機の値段は原価の倍くらいだ。それにならって答えた。

するとおじさんは大声で笑い出し、こう言った。

「そんなもんじゃないよ。1本10円で仕入れた旗が、日本では500円で売れるんだ。オリンピックとか、ピークのときには、1日に1000本くらい売れるんだよ」

田中くんは頭の中で計算して驚いた。

仕入れ値1万円の国旗が、50万円になる。

50万円といえば、田中くんの月給が18万円ちょっとだから、約3カ月分の収入に匹敵する金額になる。

目を大きく見開いたまま、固まってしまった田中くんの前に、おじさんは名刺を差し出した。

そこには、セカンドドア代表取締役　山田はじめと書いてあった。


山田社長の話では、セカンドドアは海外から家電や雑貨を仕入れ、楽天市場やヤフオク、自社のホームページを通じて通信販売をしているという。

また、小売りだけでなく、個人で輸入ビジネスをしている人のコンサルティングや輸入代行もしているそうだ。先ほどの旗も、注文をしてきたのは、ほとんど個人で輸入ビジネスを展開している人のものだった。


1人でいくつもの仕事をこなすなんてすごい人だな。自分なんてたった一つのコピー機の営業も満足にできない。電話のアポイントをすっぽかされた自分を思い出し、田中くんはちょっと目頭が熱くなった。

そんな田中くんの表情に気づいてか、山田社長は優しく彼を見つめると、

「キミのおかげで助かったよ。もし、キミが輸入ビジネスに興味を持ったなら、明日また遊びにくるといいよ。僕が一から教えてあげるから」

と言った。

これが田中くんと、山田社長との出会いだった。

その晩、家に帰った田中くんはなかなか寝付けなかった。

「1日50万円……日ノ丸……国旗…」

繰り返しつぶやくほどに、ワクワクする気持ちがわいてくる。

「なんか、すごいよな！　輸入ビジネスってなんだかおもしろそうだ！」

ものごとを始めるには、なにかきっかけがあるものだ。1日で自分の3カ月分を稼いでしまう山田社長との出会いは、田中くんが輸入ビジネスに興味を抱く理由には十分すぎるものだった。


翌日、田中君は、昨日トナーを提供してくれた会社に新しいトナーを届け、その足でもう一度山田社長の会社を訪ねた。

目的は二つ。

一つは、「コピー機のお礼をしないとね」と、山田社長がコピー機のお客さんを3件も紹介してくれたこと。

早速連絡をとってみたところ、前向きに検討してもらえることになったのだ。まだ契約というわけでなないが、おかげで田中くんはクビをなんとか免れた。

それどころか、まとめて3件契約が取れるかもしれないというので、課長は上機嫌だ。昨日までは「田中！」と呼び捨てだった待遇が、経過を報告したあとは「田中くん」に変わった。これでしばらくイヤミを言われずにすむかと思うと、それだけで田中くんは穏やかな気持ちでいられた。

そして、もう一つの目的は、輸入ビジネスの話をじっくり聞くこと。

昨日はさっと聞いただけだったし、あまりに衝撃が大きくて、後半の山田社長の話はアタマの中を右から左に流れていってしまった。もう一度、本当に輸入ビジネスのことを教えてもらえるのかを確かめたいと思ったのだ。

昨日は気づかなかったが、山田社長の会社・セカンドドアが入っているのは、おしゃれなデザイナーズマンションだった。しかも新築のようだ。

「賃料もさぞかし高いだろうな。こんな場所で仕事ができるのだから、山田社長のビジネスはよほどうまくいってるんだ」

やっぱり来てよかったと、山田くんは昨日と同じ、ガラスの自動ドアの前に立った。

「こんにちは！」

大声で挨拶したが返事がない。入口の鍵はかかっていないが社内はガランとし、物音一つしなかった。不用心だなと思いながら帰ろうとすると、

「た、た、助けて〜」


と消え入るような声が聞こえた。キョロキョロ当たりを見回すと、高く積まれた段ボールが1カ所だけ不自然に陥没しているのが見えた。声はそこから聞こえてきたらしい。

「大丈夫ですか！　なにがあったんですか！」

田中くんが重なった段ボールを二個三個とどかしてみると、中から、山田社長……ではなく、小柄な女の子が現れた。

「あ〜、助かりました。段ボールに埋もれて死ぬかと思ったわ、マジで。ありがとう！」

女の子はむくっと立ち上がると明るい声で言い、あははと声を立てて笑った。

彼女の名前は芦原ルナ。現在大学2年生だ。大学の必修外国語に中国語を選んだこ

とで中国に興味をもち、セカンドドアでアルバイトをしながら、輸入ビジネスの勉強をしている。

「これでも私、セカンドドアのネットショップの店長なのよ。いずれ中国貿易の仕事をしたいと思ってるの」

口をぽかんと開けたまま聞いている田中くんにおかまいなしに、ルナは明るく自己紹介をした。そして、「あ、あなたね！」と田中くんの顔を指差した。

「昨日、社長のピンチを救ってくれた人でしょ？　すっごく喜んでたわ！『きっと今日、僕を訪ねてくるから』って言ってたけど、ホントに来たんだ！　もうすぐ戻るから、ちょっと待っててもらっていいかな？」

田中くんは、うんうんと無言でうなずいていた。返事をしたかったが、胸がいっぱいで声が出なかったのだ。

口から心臓が飛び出てきそうだった。目の前のルナは、めちゃくちゃ田中くんのタイプだったのだ。

「かわいい！　かわいすぎる！　山田社長、ありがとう！」

田中くんは心の中で叫びながら、できるだけ平静を装い、コホンと咳払いをして会話の続きを試みた。

「ところで、キミが埋もれていた段ボールの中身はなんなの？　あ、わかった。国旗でしょ。いろんな国の」

と聞くと、ルナは「ううん」と首を振り、

「違うよ。この箱にはリュックサックがいっぱい詰まってるんだ」と箱を一つ開けて見せてくれた。

なるほど、中には文字通りぎゅうぎゅうにリュックサックが詰まっている。

「さっき、イーウーからEMSで届いたんだけど、バーコード登録をして、配送倉庫に移さなくちゃいけないんだ」

「いったい何箱あるんだい？　こんなにリュックサックばっかり売れるの？」

「そうねぇ。たぶん1週間くらいで売り切れちゃうんじゃない？　今、人気だから」

箱は30か40くらいはあるだろう。1箱にリュックサックが30個くらいは入っている気がする。それが1週間で売れるのかと田中くんはさらに驚いた。

ところで、さっきルナちゃんが、「イーウー」って言ってたよな。なんだそれ？

「イーエムエス」って外国の列車の名前かなにか？　田中くんが彼女に聞いてみようとしたところに、山田社長が帰ってきた。

第1章

田中くん、中国のネットショップで1本100円のベルトを買う

そもそも輸入ビジネスとは?

山田社長は、田中くんを見てうれしそうに笑った。

「やぁ! 本当にきたね。輸入ビジネスに興味がわいたかい?」

「はい。よかったら教えてもらいたいと思って。でも、本当に僕なんかにできるでしょうか? なんの知識もないんですけど」

「最初は誰でもそうだよ。知識はおいおい身につけていけばいい。とにかく、やろうと思う気持ちが一番大事だからね」

山田社長は、田中くんに椅子に座るようにうながし、話を始めた。

「早速だけど、キミ、輸入ビジネスってどんなことだと思う?」

「海外で仕入れて日本で販売するってことですよね」

「そう、それを商売の目線で言い換えるとね、僕は、『**安く仕入れて高く売る**』ってことだと思っているんだ。つまり、確実に利益の取れるものを買ってきて、売るってこと」

「はぁ、安く仕入れて高くですか……」

「うん。国産の場合、商品にいろいろな付加価値をつけるよね。複数の機能がついているとか、仕上げがすごく美しいとか。そして、原材料に手をかけて3割か4割くらい利益をのせて売る。それが売値の相場になってるんだ」

「輸入ビジネスは違うんですか？」

「たとえば、すでに日本で1000円の相場で売られている商品があって、それが海外では500円で売られているとしよう。これを海外で買って、日本で800円で売ったら、相場より安いんだから間違いなく売れるよね。僕はそういうものを見つけて買ってくるんだよ。自分たちで手は加えない。持って来るのが役割だと思ってる」

山田社長と田中くんの前にお茶を置きながら、ルナが横から言った。

「輸入ビジネスって、海外でお土産を買ってきて友達にあげるのと似てると思うんですよ。もちろん、あげるんじゃなくて売るわけだけど」

「感覚としては近いよね。インドまで旅行に出かけて、カシミアストールを10枚買って帰って日本で転売したら、インドまでの旅費くらいすぐにもとが取れちゃうね」

「売値の差が大きければ、それもできますよね」

「**いまはインターネット上で誰でも簡単に商売ができる**からね。僕が始めたころは、売り場がなくて大変だったけど」

「ほんと、ハードル低いですよね」と、ころころとルナが笑った。

山田社長とルナのやりとりを聞きながら、これなら自分にもできるかもしれないと田中くんは思った。営業の才能はあまりないが、パソコンやインターネットには詳しいほうだと思う。フェイスブックやツイッターを始めたのも、意外と早かった。だから、ネットショップでの商売なら、なんとなく自分にもできそうな気がしたのだ。

しかし、そんなことで本当に儲けられるのか？　そんなに簡単に？

「いま、本当にそんなに簡単に儲けられるのって思ったでしょ。でもね、できるんだよ」

山田社長は、田中くんの気持ちを見透かすように言った。そして、

「さっき、リュックサックを見たでしょ？」

と、ルナが埋もれていた段ボールを指差した。

「あれでね、2週間で600万円くらいの利益が出たよ」

「えっ！　600万円ですか？」

「日帰りのハイキングにちょうどいいくらいの大きさのリュックなんだけど、最近電

車の中でよく見ると思って調べてみたら、日本では安い品でも4、5千円くらいするんだよ。でもこの間、それと似た形の商品を中国のマーケットで見つけてね、その値段は、なんと400円だったんだよ」

「そんなに安いんですか？」

「もちろんブランドものじゃないけど、つくりもしっかりしてるし、機能的にもよく考えられている商品だった。これはいけるかもしれないなと思って、仕入れてヤフオクで2500円で売りに出してみたら、すぐに反応があったよ」

山田社長は、リュックサックを中国の市場で、3000個仕入れた。それを2500円で販売したのだ。

仕入れ　（商品代金400円＋送料100円）×3000個＝150万円
（送料100円は、全体の費用を1個当たりの金額で算出したもの）
販売　2500円×3000個＝750万円
利益　750万円－150万円＝600万円

「……」田中くんは驚いて言葉も出なかった。

「まぁ今回は、全国チェーンの量販店がこの商品に興味を持ったおかげで短期間に売り切れたんだけど。それにしても、世の中にこんなにリュックサックを買う人がいるのかと思うくらいだよね」

この言葉に、ルナはうなずきながら言った。

「ちょうど登山がブームですからね。山ガール、私もちょっと興味あるし」

「5年前だったら、ここまで売れなかったかもしれないね。ものにはトレンドがあるからね。すべてが売れるわけじゃない。でも、いい商品を見つければ、誰でも簡単に、すぐに儲けられるのが輸入ビジネスの魅力の一つだね」

英語も中国語も話せなくても大丈夫！

しかし、田中君にはもう一つ気がかりなことがあった。

語学力である。

自慢ではないが、英語は中学生レベルだという自負がある。まして、山田社長はさっき中国でリュックサックを見つけたと言った。中国から仕入れるなんて、一体どれだけ語学力が必要なんだろうと不安になった。

「あ、あの～。僕は英語も中国語も全然できないんですけど……。どのくらいの語学力が必要なんですかね？」

おずおずと聞く田中くんを、山田社長とルナは目をぱちくりしながら見た。

情けない！　せっかくこんなにかわいい子と知り合えたのに。英語もできないなんて幻滅されちゃうよな。僕の恋もここまでか……。

田中くんががっくりと肩を落としたとき、山田社長が笑いながら言った。

「僕もね、話せないよ。でも、ビジネスはできるんだ」

「私も。中国語専攻なのに、全然話せないの」

ルナもペロっと舌を出して笑った。

「へっ？」

田中くんは自分だけ落ちこぼれでないことがわかってほっとしたが、ちょっと腑に落ちない。どう考えても商談には語学力が必要になるはずだ。

「でも、先方との交渉はどうするんです？　言葉がわからないとコミュニケーションがとれないじゃないですか」

「輸入ビジネスには、**輸入代行の会社がある**から大丈夫だよ。そこの代理人がちゃんとサポートしてくれるからね」

「輸入代行って、山田社長がほかの個人事業者に代わって国旗を仕入れてるみたいなことですね？」

「うん。うちは自分のところで小売りもするけど、輸入代行もしているからね。僕は中国語を話せないけど、この間、中国に貿易会社を立ち上げてね。日本語の堪能な現地社員がサポートしてくれるから全然困らないんだ」

「なるほど。自分に代わって仕入れてもらうなら、英語や中国語が話せなくても大丈夫そうですね」

「**とくに中国とのビジネスでは、代行会社が大事**だね。中国の卸売り市場の人は、英語を使わないし、中国国内に銀行口座がないと振込の手続きもできない。まぁ、キミが語学力に自信があって、自分で現地で現金買い付けするというなら話は別だけど。かなりリスクは高くなるね」

「そんな、無理ですよ！」

話しながら田中くんは少し安心した。自分ひとりでなにもかもしなくてはいけないわけではなさそうだ。

「もちろん、安全にビジネスを進めるには、代行会社もちゃんと選ばないといけないけど。それはまたあとで教えてあげるよ」

時間も場所も関係なし!

一つ不安が解消されると、新たな不安が湧き上がってくる。

田中くんは、「自分にはまだコピー機販売の仕事がある」と思った。山田社長のおかげでクビにならずにすんだからだ。それを投げ出して輸入ビジネスを始めるのはあまりに恐い。万が一、ビジネスがうまくいかなかったときに、戻れる場所がなくなってしまう。

すると、山田社長は田中くんの気持ちを察してか、こんな話を始めた。

「輸入ビジネスっていうのは、時間も場所も関係なくできるからいいよね。キミみたいに仕事を持っている人やルナくんみたいな学生さんでもできるよ。もちろん主婦の人でもね。やる気さえあれば、ちゃんとビジネスになるんだ」

たしかに、代行会社への輸入の依頼はFAXで送ればいい。それは、セカンドドアを訪れたときに、注文書が送られて来たのを見たからわかる。FAXなら相手の時間を気にせず、夜中でも送ることができるだろう。

また、細かい確認事項などの連絡もほとんどメールでのやりとりだから、それも大丈夫。

さらに、自分が販売するときもネットショップを利用するわけだから、こちらも時間に決まりはない。お客さんとのやりとりもほとんどメールだから、時間を気にせずチェックしたり、送信したりすることも可能だ。

いや、ちょっと待て！　こんなに簡単でいいのか？　実際に始めてみたら、すごく手間がかかったりするんじゃないのか？　二つの仕事を掛け持ちなんて、徹夜で働かないといけなくなるんじゃないの？　田中くんは、山田社長にその点をたずねてみた。

「でも、梱包も発送も、なにもかも手作業ですよね。会社から帰ってからでも対応できるのでしょうか？」

「そうだね。扱う商品にもよるだろうけど、1日10~20個の出荷なら、納品書を印刷して、商品を梱包して、発送ラベルを書いて貼る作業をしても1~2時間で終わると思うよ。それにむしろ……」

山田社長は言葉を切って、にやりと笑った。

「むしろ商品の発送作業は楽しいと思うよ。たとえば1個で3000円儲かる商品を2時間かけて10個包装したとすれば、2時間で3万円の儲けなわけだから」

確かにその通りだ。自分が梱包するほど売上が伸びると思えば、作業は苦労というより、むしろ喜びだ。

「それを、毎日やるだけだよ」

田中くんはうれしくなってきた。

自分にもできそうだという気持ちがどんどん大きくなってくる。

「でも、なにから手をつければいいんですかね?」

昨日まで、海外輸入の「か」の字にかすったこともなかった田中くんには、なにから始めればよいかも見当がつかない。

「ま、今回は体験版ということで、なにかを仕入れて売るまでを一緒にやってみようか」

山田社長はそう言って、田中くんの頭のてっぺんからつま先までをじっくり観察した。

「キミ、いいベルトしてるじゃない。それはいくらで買ったのかな？」

仕入れと売値の差額で儲ける！

その日、田中くんは卒業祝いに母親に買ってもらったポールスミスのベルトをしていた。好きなブランドだが、田中くんのお給料ではなかなか買えない。

「好きなものとか、興味のあるものが探しやすいから、ベルトでやってみたら？　いくらくらいで売られているか、ちょっと調べてみようよ」

田中くんは山田社長に言われるまま、目の前に置かれたパソコンに目を向けた。

「まずね、**『オークファン』**というサイトで、売値のチェックをしてみよう。キミのベルトと同じくらいのベルトを調べてみようか。ブランドものじゃないものでね」

山田社長は「オークファン」の検索キーワードに「ベルト、メンズ」と打ち込んだ。するど、いろんなベルトがずらりと表示された画面になった。

「このサイトはね、**ネットオークションの相場を調べる**ときに便利なんだ。興味のある商品が日本でいくらくらいで売られているかがわかるんだよ」

画面をスクロールしながら見ていくと、田中くんのベルトに似たものは、2000～3000円の間くらいで販売されているようだ。

「次は、そのベルトをいくらくらいで仕入れられるかをみてみよう。中国のネットショップで探してごらん。ルナくん、頼むよ」

山田社長の指示でルナがアクセスしたのは、**タオバオ（淘宝）**という中国のネットショップだった。

「中国のサイトだから、検索キーワードも中国語で入力しないと。ベルトは中国語でなんだっけ？」

といいながら、ルナは中国語を調べて入力し、検索ボタンを押すと、ベルトだけで何千、何万種類もの商品が出てきた。

「すごい数だ！　中国のマーケットは規模が違うなぁ」

「キミ、この中で自分がいいと思うものを選んでごらんよ」

山田社長に言われ、田中くんは1時間ほどかけて膨大なベルトの画像の中から良さそうなものを選んだ。合皮だったが、バックルの部分が洒落ていて見栄えがいい。写真をクリックしてみると中国元で小売価格が「6元」と表示された。

1元は約16円（2016年5月現在）。「日本円だとおよそ100円くらいね」とルナが教えてくれた。

「へぇ！　こんなベルトが100円で買えちゃうの？　日本で買ったら絶対2000~3000円はしますよね」

山田社長もその写真を見ながらうなずいた。

「おしゃれなベルトを見つけたね。これを日本で1000円で売れば、かなり売れるかもしれないね」

1000円？　もうちょっと高くても売れるのに？　と思ったが、今回は山田社長の言う通りにやってみようと田中くんは思った。

「じゃあ、そのベルトを試しに買ってみたら？」

僕が？　中国のサイトで買い物？

田中くんは、手の中にじっとり汗をかいているのがわかった。しかし、ここは思い切ろうと田中くんは決めた。ここで諦めれば次はないし、ルナの手前、逃げるようなこともしたくない。

田中くんは、とりあえずそのベルトを10本買ってみることにした。10本買ってもたったの1000円である。

購入の手続きはルナがやってくれた。タオバオは**代行会社を通さないと仕入れが大変になる**という。「今回は、お試しだからね」と、セカンドドアで仕入れてもらうことにしたのだ。

「選んで、代行会社に頼んでおしまい。ホントに簡単だな」

自分自身の作業は、普通にインターネットで買い物をするのとそれほど変わらない。あっという間に手続きも終わってしまった。

商品は1週間ほどで手元に届くとルナが言った。

「商品が届くころに、またおいでよ。今度は販売を体験してみてね」

山田社長は、そう言い残すとさっさと外出してしまった。

田中くんはその後しばらくルナと雑談をし、次にくるときも、絶対ルナちゃんのいるときにしようと心に決めて会社をあとにした。

1週間後、10本のベルトが届いたとルナから連絡があった。

田中くんは就職して初めて、有給休暇をとった。いよいよ仕入れたものを販売するわけだから、会社帰りではちょっと時間が足りないだろうと思ったし、休みをとれば、昼のうちからルナと一緒にいられるからだ。2人並んでパソコンの画面を覗き込むところを想像すると、顔がどうしてもにやけてしまう。

セカンドドアの入口で、両頬を手でパンパンとたたき、田中くんは中に入って行った。


「いらっしゃい！　ベルト来てるわよ。いい感じだね」

と、ルナはベルトの束を田中くんの目の前に置いた。

実物を触ってみたが、なかなか感触もいい。試しに締めてみたが、誰がどう見ても1本100円とは思えない品物だ。田中くんは自分用に1本確保し、残りの9本をすぐにヤフオクに1000円で出品することにした。

山田社長の事務所でパソコンを借り、今度は自分で**ヤフオクに出品**の手続きをとった。入力画面に沿って入力していけばよいので、それほど難しいことはなかった。横でルナが見ているから、困ったり、迷ったりしているところは見せられない。内心どきどきしながらも、なにも問題のないような顔で、登録を終えた。

持参したデジカメでベルトを撮影し、実際の手触りや使い心地のコメントをひねり出し、無事に出品に成功した。

「9本なんてあっという間よ。きっと」

「そう？　本当に売れるかな」

田中くんは半信半疑だった。山田社長は簡単そうに言うけれど、世の中、そんなに甘くないだろうと、どこか信じられない気持ちでいた。

その日は出品を終えて帰宅し、翌日、会社帰りにセカンドドアに立ち寄ると、パソコンを借りて、落札状況を確認してみた。

すると、なんと1日目で7本売れていた。

「やった！　本当に売れてるよ！」

「よかったね。田中さん！　この調子よ！」

ルナもまるで自分のことのように喜んでくれたので、田中くんの喜びはさらに大きくなった。

残りの2本も、その翌日に落札され、田中くんの初めての出品は、2日間で完売した。

仕入れ　1本100円×10本＝1000円（送料は、山田社長がおごってくれた）
販売　1本1000円×9本＝9000円
ヤフオク手数料（5％）　9000×5％＝450円
差引額　9000円－450円＝8550円
田中くんの利益　8550円－1000円＝7550円

郵送料はお客さん負担なので、田中くんは7550円の利益を出すことができた。

1カ月の小遣いが3万円の田中くんにとって、この臨時収入は大きかった。

田中くんは、さらに頭の中で考えた。

「もしベルトを100本仕入れたら、利益は8万5000円。1000本なら85万円。1万本なら850万円の儲けだ！」

うれしそうな田中くんを見て、山田社長も笑っていた。

「輸入ビジネスは粗利90％も夢ではないね。現にベルトも10倍の値段で売れたでしょ」

田中くんは大きくうなずいた。

安く仕入れて高く売る。

この成功体験が田中くんの人生を変えることになる。

輸入ビジネスは粗利90％も夢じゃない！

「9割が儲けなんてビジネス、本当にあるんですね」

田中くんは、ちょっと狐につままれたような感覚だ。

「あるよ。でも、普通は80％くらいかな。中には利益率が低くなる商品もあるから、平均するともう少し落ちるかもしれないけど」

「それでもすごいですよ」

田中くんは心の底から思っていた。

山田社長ってすごいよな。でも、社長はどうやってこのビジネスを知ったんだろう？

「ところで、山田社長が最初に仕入れたものはなんだったんです？」

「僕はね、ラインストーン」

「ラインストーンって、アクセサリーを作るときに使う、ピカピカ光ってるガラスみたいなやつですよね?」

「僕が仕入れの仕事を始めたころ、ちょうどデコ電が流行り始めてね。1台1万円とか2万円で売られていたんだよね」

「デコ電って、携帯電話にビーズとかラインストーンを貼ってデコレーションするやつですよね」

「うん。結構高いから、材料も高いんだろうと思っていたけど、中国のマーケットで見つけちゃったんだよ。キミ、いくらしたと思う?」

「そうだなぁ。デコレーションする手間賃もあるから、デコ電の半分くらいが原価として、そのまた10分の1くらいですかね? 1万円だったら500円とか」

「実はね、袋詰で40元(約640円)だったんだよ。ただし、10台はデコ電がつくれるくらいの量でね」

「1台あたりで割ると、約64円ってことか」

「そういうこと。それで、高く売れるかもしれないと思って仕入れてみたんだ」

「デコ電を作ったんですか?」

「いや、それはスタッフに『無理です!』って言われちゃった。手間がかかるしね。デコ電は諦めて、ラインストーンだけ袋詰にして売ったんだよ。10円分を100円、

20円分を200円でね」

「10倍の値段ですね」

「もちろん、いくらくらいで売れるのかはちゃんと調査して見極める必要があるけどね。ラインストーンは原価の10倍でもよく売れたね。一番多いときは月に600万円くらいの売上になったよ」

田中くんは、ため息が出た。

「僕もそんなふうに商売ができますかね」

「もちろんだよ。**やろうという気持ちがあれば、誰でもできるのが、輸入ビジネス**だからね」

年商1000万円はすぐに達成できる!

「僕がコンサルティングしているお客さんでもね、月に100万円以上を売り上げている人はけっこういるよ。キミのように、昼間はほかの仕事をして、空いた時間をうまく使ってビジネスをしてるよね」

「月に100万円!　しかも、それが**副業**ですか!」

「多分、本業より稼げてるよね。これ、すごく楽しいと思うよ。生活の基盤を本業でカバーしておけば、輸入ビジネスで儲けたお金はいろんなことに使えるじゃない。旅行に行ったり、普段はなかなか行かれないようなレストランで食事したり、ずっと欲しかったものを買ってもいいよね。気持ちがリッチになると思わない？」

「本当ですね！」

「売れる仕組みさえつくれてしまえば、1日1時間の作業で月100万円は全然不可能な数字じゃないんだよ。たとえば、販売管理や出荷は人に任せて、自分はバイヤー業務に徹するとかさ。あとは地道に続けていけば、年商1000万円のビジネスもそれほど難しいことじゃないよ」

「い、い、いっせんまん！」

田中くんはつい声に出して叫んでしまった。しかも、かなりのハイキーで。

「そうだよ。だって年1000万円ってことは12カ月で割ると、月の売上が80万円ちょっとでしょ。月に100万円の売上よりも低いんだから。さっきのリュックサックでもそうだよ。1個2500円で、いまも1日10個から20個の間で売れていくからね。1日の売上が約3万円。それが1カ月30日なら、90万円でしょ」

計算では確かにそうだ。順序立てて考えていくと、どんどんできそうだという気持ちになってくる。

「出荷作業にアルバイトを雇ったって利益は上がるもんね。時給1000円で2、3時間手伝ってもらえばできちゃうんだから。キミの本業が忙しいとき、**自分がやらなくてもビジネスとして成り立つ**よね」

そうか。一度流れができてしまえば、自分だけですべての作業を背負わなくても大丈夫なんだ。田中くんの気持ちはますます軽くなった。

「もちろん売れる努力はしなくちゃいけないよ。アクセス数を見ながらどうやったらアクセス数を増やせるか、お客さんが反応してくれるか、試行錯誤を重ねることも大事だね。やればやるほど、手応えがあるはずだし」

どんな仕事だって、なにもしないでお金はもらえない。

田中くんは、手応えがあるのはいいと思った。コピー機販売の仕事は、毎日一生懸命がんばっても、なかなか成果が上げられない。そんな自分も手応えが感じられたらもっとがんばれる気がする。

「いつかは、1000万円稼げるようなりたいな」

「本気でやろうと思えば、きっとできるようになるよ」

山田社長に言われると、大丈夫だと思えてくる。

しかし、一方で、やはり「そんなにうまくいくのか」という不安が頭をもたげてくる。まったく売れず、在庫を抱えて困ってしまったりしないんだろうか。

田中くんは、その不安を素直に山田社長にぶつけた。

「そうだね。だから**最初は少しずつ試してみる**ことだよ。少ない資本で少しずつ稼ぎながら、段々大きくしていけばいい」

そう。考えてみたら、田中くんの月の小遣いは3万円。それが、彼に使える唯一のお金なのだ。毎月18万円のお給料のうち、保険や年金が差し引かれ、クレジットカードや携帯電話の料金を払い、母親に食費を渡したら、手元に残るお金はそんなものだ。自宅通いをしている分、お給料の割には多いほうだろう。

しかし、それを全部ビジネスの仕入れにつぎ込んでしまったら、日中、お昼を食べることもできない。切り詰めてやっても、1万円を捻出するのがやっとだろう。

「1万円の資本じゃ、ビジネスの規模が小さすぎますよね」

「いいんじゃない？　最初は1万円で、それを元手に広げればいいんだよ」

「1万円を元手に広げる……ですか？」

「たとえば、今回、キミが仕入れたベルトだけど、1本100円で、10本仕入れて1000円だったよね。キミが自分用にした分も売れたとしたら、全部で売上は1万円。これを元手にすると、同じベルトが100本仕入れられるよね。それがまた全部売れたら10万円になる。そのお金を、次の仕入れにまわす。それが全部売れたら……」

「10万円なら1000本仕入れられるから、1000円で売ったら100万円！」

「そうだよ。資本は1000円だけど、元手も全部仕入れにつぎ込んで増やして行くと、大きな金額になるよね」

ただ、ベルトもずっと売れ続けるわけではないらしい。ある程度の量までいくと、売れ行きが伸び悩む地点が出てくると山田社長は言った。そのときは、また新しい商品を見つければいいと言う。

「なるほど、それなら大きな資金がなくても、ビジネスが始められますね」

「つまり、輸入ビジネスは**それほど大きなリスクもなく始められて、自分のペースで**

進めていけるってことだね。あとはビジネスをやるかやらないか。無理に始めることはないと思うけど、やらなければ、なにも始まらないよね。さて、キミはどうするかな？」

と山田社長は田中くんの顔を見た。そして、時計に目を移して慌てて言った。

「大変！　もうこんな時間だ。今日はね、これから上海に行くんだ」

「上海？　買い付けですか？」

「それもあるんだけど、今回はプライベートのほうだね。実は妻の誕生日なんだよ。お祝いを上海のレストランでしてあげようと思ってね」

「バースデーで、上海……ですか」

さすが日本にいることが少ないという山田社長だ。プライベートもグローバルだなと感心していると、横でルナが田中くんにこそっと耳打ちした。

「ミシュランの星付きレストランらしいですよ。で、超高級ホテルのスイートルームを用意したんですって！　奥様が羨ましい！」

「ルナちゃん、僕がそのうちキミを連れていってあげるよ。儲かるまで待っててくれよ」

田中くんは心の中でそっとルナに話しかけた。もちろん、ルナにそのメッセージは伝わるはずがない。

オフィスの中を足早に出口に向かいながら、山田社長が田中くんに言った。

「キミだって輸入ビジネスをやっていたら、ちょっとした贅沢ができるよ。普段のお給料ではできないことも、副収入があれば可能になる。彼女を海外に連れていってあげることだってできるんじゃない?」

田中くんのアタマの中に、美しい夜景の見えるテーブルで、ルナとワインを飲む姿が思い浮かんだのはいうまでもない。

「僕、ルナちゃんのためにがんばる! ちょっと動機は不純かもしれないけど」

口にはしなかったが、田中くんはちょっとだけ鼻息が荒くなった。

利幅で儲けるなら、中国マーケットがおもしろい!

「社長、行っちゃったね」

「ほんと、いつも慌ただしくいなくなっちゃうんですよ」

ルナは口を尖らして言った。ちゃんと行ってらっしゃいの挨拶がしたかったらしい。

田中くんは、ルナのすねた顔もかわいいと思った。

「買い付けもすると言ってたね。中国から仕入れることが多いの？」

「そうね。とくに最近は多いかな。社長が**中国のイーウー（義烏）**という場所に貿易会社をつくったの。イーウーには『福田市場』っていう大きな問屋街があって、そこで買い付けてネットショップで売ったり、お客さんから頼まれたものを仕入れたりね。社長いわく、『いまは中国のマーケットがおもしろい』って」

「ふうん。どのへんがおもしろいんだろうね」

田中くんの質問に、これも社長の受け売りだけど……と、ルナが説明を始めた。


まず、一般的な輸入ビジネスの場合、円高の時には旨みがあるが、円安になると旨みがなくなる。しかし、中国の輸入ビジネスには**円高も円安もあまり影響がない**という。

「たとえば、100円ショップで売っているような安いボールペンは、中国で10円くらいで作られたものが日本に入ってきているの。円安になって10円が12円になっても20円になっても、それくらいの違いなら、それほど大きな影響は出ないのよ。もともとの粗利が大きいから」

ルナの話に田中くんはうなずいた。

「しかも、そういう商品は**もう日本では製造されていない**のよ。少しくらい円安になったからといって、国内ではもう生産できない。つまり競合しないってことなの」

なるほど。競合しなければ、安定して商品が売れる。

「それからもう一つ。**交通費も手頃**というのも魅力ね。中国の航空会社を使えば、3万円くらいで往復できるのよ。現地まで行って商品を見るのも楽しいものね」

「仕入れがしやすく、簡単にネットで売ることができる。しかも円安を気にせず安定してビジネスができる。交通費も安い。たしかにいいね。僕もいつかイーウーって場所に行ってみたいな」

「近いうちに行くことになるんじゃない？」

ルナはにっこり笑って言った。

「そのときは、一緒に！」

もちろん、この言葉も田中くんは飲み込んだ。とにかく、輸入ビジネスについてもう少し勉強しないと。1人で取引ができるようになったら、いつかきっとルナちゃんと中国に行こうと思った。

CHECK POINT

輸入ビジネスの概略をつかもう!

この章では、山田社長の展開している「輸入ビジネス」がどのようなものかを理解しよう。

●「輸入ビジネス」とは?

すでに日本に相場があるものを、海外で安く仕入れて販売すること。相場の違いによる利幅の大きさで儲けを出すのがポイント。

●「輸入ビジネス」のメリットは?

・誰でも簡単に始められる!

インターネットの普及により、個人でも商品の売買が手軽にできるようになっている。そのため、輸入ビジネスを始めるハードルはかなり低い。

解説

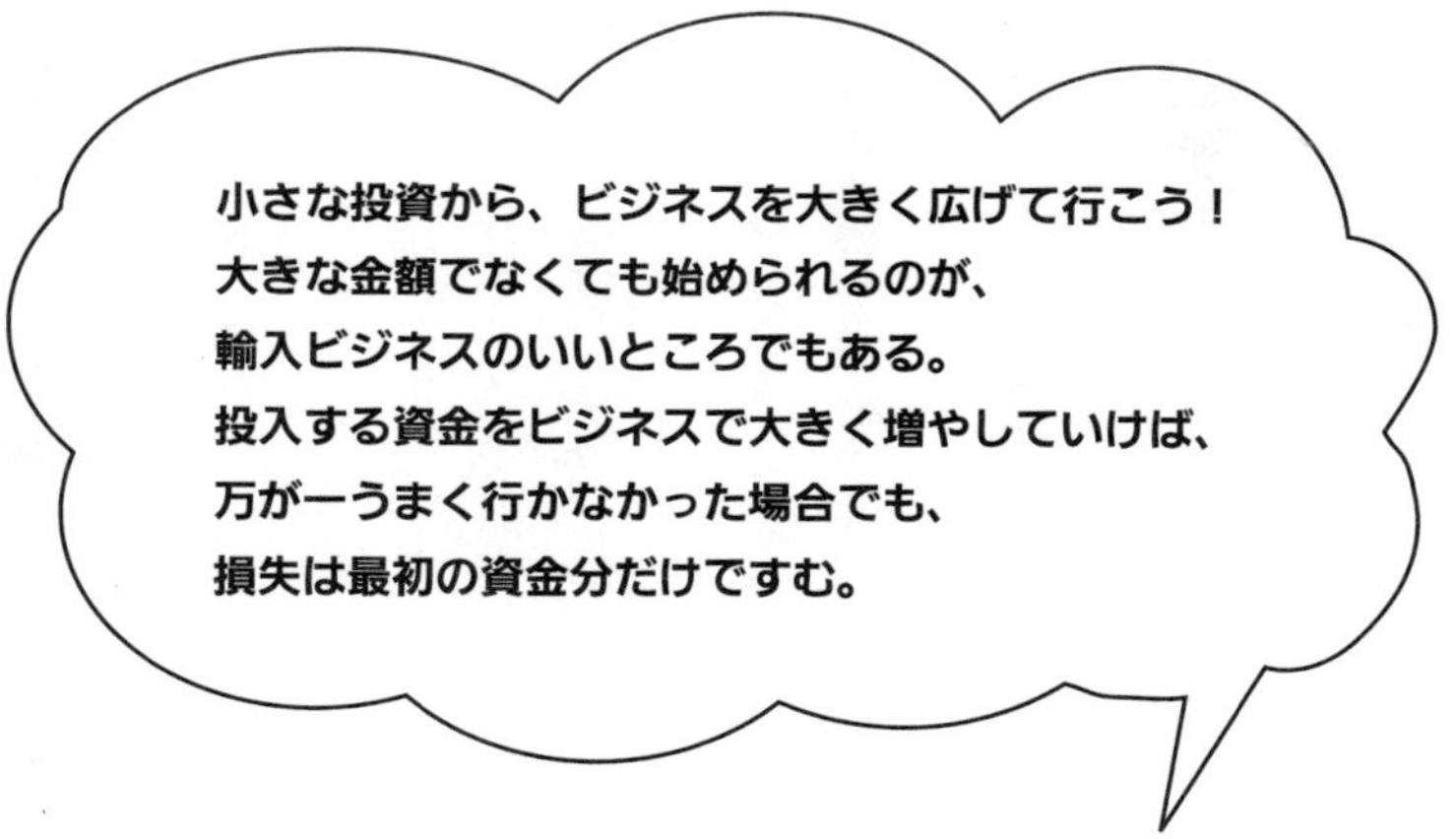
小さな投資から、ビジネスを大きく広げて行こう！
大きな金額でなくても始められるのが、
輸入ビジネスのいいところでもある。
投入する資金をビジネスで大きく増やしていけば、
万が一うまく行かなかった場合でも、
損失は最初の資金分だけですむ。

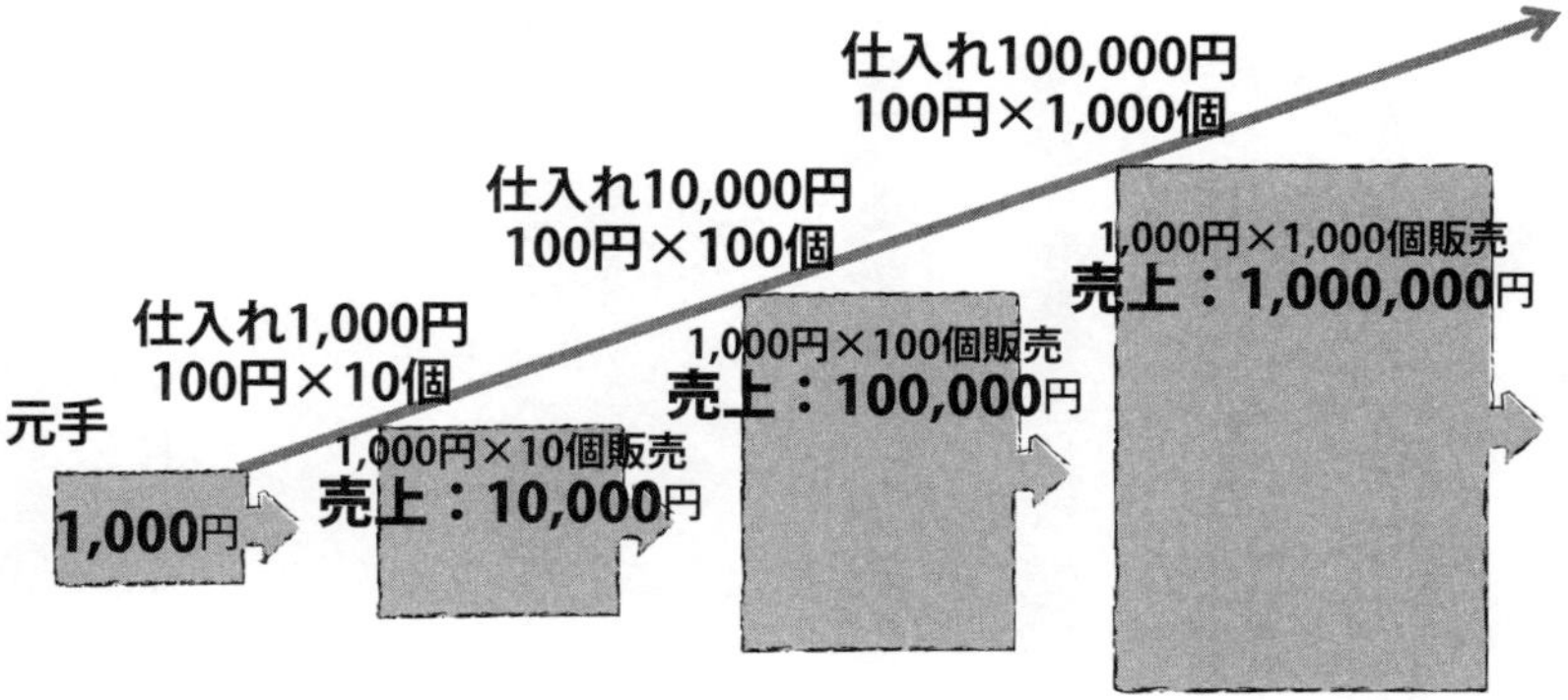
元手
1,000円
仕入れ1,000円
100円×10個
1,000円×10個販売
売上：10,000円
仕入れ10,000円
100円×100個
1,000円×100個販売
売上：100,000円
仕入れ100,000円
100円×1,000個
1,000円×1,000個販売
売上：1,000,000円

解説

・**語学力がなくても大丈夫!**

実際の輸入業務は「輸入代行会社」に依頼。直接マーケットで交渉しないので、語学力は必須ではない。

・**時間も場所も関係なし!**

代行会社へはメールやＦＡＸで依頼し、販売はインターネットを利用するため、時間や場所の制約がない。そのため、副業としてもおすすめのビジネスだ。

●「輸入ビジネス」の手順は?

日本での販売価格を把握（オークファンを活用）

⇓

海外での販売価格を把握（中国の場合、タオバオを活用）

⇓

利幅を検討。購入決定!

⇓

代行会社に買い付けを依頼

解説

購入した商品をネットで販売 ⇐

☆実際の操作の手順などについては、第2章以降で詳しく解説します。

CLOSE UP!

いま、中国のマーケットがおもしろい!

山田社長は、現在中国からの輸入ビジネスに力を注いでいる。中国を選んだ理由は次の3つ。

1　円高、円安の相場に左右されない

もともとの利幅が大きいため、円相場が多少変動しても利益が大幅に減るとは考えにくい。

2　日本のマーケットと競合しない

中国で格安に生産される商品は、すでに日本では生産されていないものが多い。多少相場が高くなったとしても生産再開にはならないため、商品が競合することはない。

3　リーズナブルな旅費で買い付けられる

自分で現地に買い付けに行く場合も、中国までの旅費なら、欧米に買い付けにでかけるよりも安くてすむ。中国の航空会社を使えば、往復3万円程度で行ける。

第2章 田中くん、本格的に仕入れを始める

輸入ビジネスの本格レッスン、始まる

「おつかれさまでした！」

就業時間を15分ほど過ぎたところで、田中くんは、デスクの横に置いてあったカバンを持ち、帰ろうとした。

「あれ、田中。もう帰るの？　いいねぇ、ヒマで」

山田社長と出会って1カ月。課長の呼び方は、再び「田中くん」から「田中」に戻っていた。毎日手を抜いているつもりはない。毎日飛び込みで営業をしてパンフレットを置かせてもらい、空いている時間にはアポ取りの電話もする。だが、1日がんばっても、なかなか成果にはつながらなかった。

田中くんも、この状態を自分でも情けないと思う。

でも、その気持ちは、タイムカードを押した瞬間に会社に置いて帰ることにした。

いまの田中くんには楽しいアフターファイブが待っているのだ。

セカンドドアでの輸入ビジネスの勉強は続いていた。山田社長は出ていることが多かったが、留守番のルナはいつも笑顔で迎えてくれ、ネットショップについていろいろ教えてくれた。

ルナから、今日は久しぶりに山田社長が会社にいると聞いた。

「よし、いよいよ本格的にビジネスに挑戦するぞ！」

田中くんの頭の中は、輸入ビジネスのことでいっぱいになった。課長のイヤミなんぞにつき合っているヒマはない。

田中くんが事務所から出ようとすると、入れ違いに1人の男性が入ってきた。田中くんの会社の社長だ。50代半ばくらい、がっちりした体格で胸を反るようにして歩くものだから、いつもいばっているように見える。

就職の面接のときには、「キミは磨けば光る男だ。期待してるぞ！」などと言ってくれたが、実際は、社長室からほとんど出てくることもなく、もちろん田中くんを磨いてくれることもなかった。社長と言葉を交わしたのも、半年くらい前に、「キミ、かっこいいカバンを持ってるじゃないか。素材は合皮かね？ 僕のはオーストリッチだけど」と自慢されたことくらいだろうか。「お前の給料じゃ買えないだろう」とあからさまに言われた気がしてムカついたのを覚えている。

「失礼します」と頭を下げた田中くんに見向きもせず、社長は課長の机に突進していった。

「おい、この数字はどういうことだ！ お前の課だけここ3カ月、前年割れじゃないか！」

「は、は、は、はひっ！　申し訳ありません！」

課長も、突然の社長の叱責にどう対処したらよいのか、パニック状態である。

「来月こそは必ず、絶対、誓って頑張ります！」

見なかったことにしよう。田中くんはそう気持ちを切り替えて会社をあとにした。

儲けの出そうな商品を探す

「やあ、いらっしゃい。久しぶりだね！」

「はい！　今日は次の買い付けをするつもりで来ました。ご指導よろしくお願いします」

山田社長はうんうんとうなずくと、「じゃ、早速始めようか」と言った。

「まずは商品選びだね。前回はベルトだったけど、キミ、なにか目当てのものはあるのかな？」

「それが……商品がいろいろありすぎて、絞り込めないんです。どうしたらいいでしょう」

「そうだね。迷ったときは**自分の好きな分野とか、得意な分野から始めてみる**といいかもしれないよ。好きなもの、得意なものには、無意識のうちにアンテナが立っているものだからね。トレンドだったり、商品の良し悪しを見る知識だったり。キミはなにが好きなのかな？」

田中くんは、半年前の社長との会話をふっと思い出し、

「え～と、そうですね。わりとカバンや靴にはこだわりますかね」

「革製品ってことだね。じゃ、その分野から探してみようよ」

そう言いながら、山田社長は田中くんを手招きした。

社長のデスクのパソコンには、『オークファン』の画面が開いていた。社長も、なにかいい商品はないかと探していたところだったようだ。

「手順はベルトの時と同じだね。まず、『オークファン』で商品の情報を調べてみる。アマゾンやヤフオク、楽天などをチェックするのもいいけど、『オークファン』は落札の相場がわかるからね。利益幅の大きそうな商品を探したり、自分で売るときの価格を考えたりするときに役立つね」

と山田社長は説明し、今回は自分でやってみるように田中くんに勧めた。

「検索キーワードを入力してみようか。革製品もいっぱいあるからね。もう少し絞り込んだほうがいいかな」

「革の財布にします。ちょうど使っていたのが壊れちゃったし。いいのがあれば自分も欲しいですから」

「じゃ、革の長財布で、メンズものだね。それを入力して」

田中くんが「革　長財布　メンズ」と入力すると、いろんな色や素材の長財布が画面いっぱいに並んだ。値段もピンからキリまである。

「キミの気に入ったものを選んで、それがいくらくらいで売られているのかをチェックしてみて。商品名もわかるよね。それもちゃんとメモしておくように」

言われるままに、田中くんはじっくりと品定めを始めた。

彼が選んだのはブラウンのシンプルな革財布だ。相場は6000円と書かれている。ちょっと高めかな?　と思ったが、財布は長く使うものだ。やはり気に入ったものがいいと思った。

「ほう、いいのを見つけたじゃないか。じゃ、それが中国のネットショップでいくらで売られているか調べてみよう。この間の『タオバオ』で見てみようか」

中国のネットショップ「タオバオ」は、掲載商品点数8億点以上という、巨大なインターネットショップだ。価格は日本のネットショップに比べるとかなり安い。実際にここで仕入れて日本のネットで販売するという人もいるし、そのための解説本なども売られている。

しかし、タオバオにも長所と短所がある。**商品一つからでもショッピングできるが、中国に口座がないと買えないし、海外への発送もしてくれない**。そのため輸入代行会社に依頼し、代わりに商品を仕入れ、日本に発送してもらうことになる。

山田社長の会社、セカンドドアは輸入代行も行っているので、今回、田中くんは自分で仕入れるといっても、代行会社を探す手間は省ける。ルナに頼めばいいのだ。

「えっと、牛革と財布の文字を入力すればいいかな……」

田中くんがキーボードで打ち込んでいると、ルナがひょこっと横に来て、

「それでも検索できると思うけど、中国語で財布は『钱包』って書くのよ。牛革のお財布なら『牛皮革钱包』。**中国語で入れたほうが検索の精度は上がるの**」

と言いながら、キーボードに指を置き、文字を入力し始めた。

近い！　田中くんは自分の心臓の音でまわりの音が聞こえないくらいドキドキした。しかし、ここは真剣に。なにしろ成功しなければ、ルナにもいいところを見せられないのだから。

「ルナちゃん、さすが中国語専攻だね。やっぱり、中国語がわかるんじゃないか」

田中くんが言うと、ルナは違う、違うと手を振り、手にスマホの画面を彼に見せた。

「これこれ。エキサイトの翻訳よ。ここに知りたい日本語を入力すれば、中国語に変換してくれるじゃない。財布やカバンは私もよく検索するから、ブックマークしてあるの」

と答え、タオバオの検索キーを押した。

画面には長財布ばかりがずらりと現れた。カラフルなものもあれば、チェーン付きのものもある。とにかくすごい数だが、田中くんは一つひとつ写真の吟味を始めた。いくつかの候補を絞り、さらにデザインと価格を検討して最終候補を絞り込んだ。田中くんが選んだのは、ブラウンの牛革長財布。価格は60元とあった。日本円で960円ほどである。

代行会社に見積もりを依頼する

「価格も手頃だね。その長財布で輸入代行会社に見積もりを取ってみるといいよ。本当なら自分で代行会社に問い合わせなくちゃいけないけど、うち自体が輸入代行もしているからね。あとでルナちゃんに現地に確認してもらえばいいね」

「見積もりって……。タオバオに表示されている価格で買えるんじゃないんですか?」

「タオバオは小規模にビジネスをしようとするには便利だけど、実際に打診してみると、商品の在庫がなかったり、価格が変わっていたりすることもあるんだ。代行会社の交渉次第では、メーカーから直接、もっと安く仕入れられることもあるしね」

「そうか、中国のメーカーから直接買い入れることもできるんですね」

「そうだよ。うちは貿易会社がイーウーにあるからね。イーウーには『福田市場』という卸売専門の問屋街があるんだよ。タオバオのように1個だけ仕入れるのは難しいけど、問屋なだけに値段は安い。ルナちゃんから向こうの社員に連絡してもらって、交渉を頼めばいいよ」

「ありがとうございます。でも、もしも僕がセカンドドアさんを知らなかったら、自分で代行会社を当たるわけですよね？　ほかの代行会社に依頼したとしても、同じように交渉してくれるものなんですか？」

「もちろんできるよ。その代行会社の代理人がメーカーと交渉して購入額が決まれば、『いくらで仕入れられます』という内容に、代行手数料や送料などをプラスして見積もりを送ってきてくれる。ただし、**どこまで良心的に交渉してくれるかは、代行会社によってかなり差がある**と思うね」

田中くんは、自分の置かれている環境に感謝した。コピーのトナーを調達しただけなのに、輸入ビジネスのノウハウを一から教えてくれて、しかも、代行会社も探さずにすむ。とても恵まれたスタートが切れていると思った。

山田社長はさらに説明を続けた。

「代行会社が送って来た見積もり内容でＯＫなら、そこで商談成立だね。キミは代行会社にその費用を振り込むことになる」

「代行会社って、文字通り、自分が先方と交渉する部分を代行してくれるんですね。でも、ＯＫかどうか迷っちゃいそうですね。金額の判断はどうすればいいのかな？」

「**目安は、『商品単価＋送料』の3〜5倍で売れるかどうか**だね。３倍以下だと儲けが出ないからね。キミの選んだ長財布の単価は約960円。送料を加えると1000円ぐらいになる。同じようなものが国内では6000円で売られているから、5倍で売っても相場よりも安くなる。いいんじゃないの？」

山田社長のお墨付きも得た。いよいよ始まると思うとワクワクするが、一方では得体のしれない不安も湧いてくる。

「判断も明確で簡単に頼めるのに……ちょっと躊躇しますね。どうしてかな。僕って臆病ですよね」

「無理もないよ。商品が手元にないわけだし、不安になる気持ちもわかるよ。でも、そこは賭けみたいなもので、ある程度の思い切りは必要だと思うよ」

「は、はい……」

思い切りという言葉が、田中くんをさらに緊張させた。山田社長はそれを察したのか、やさしい表情で

「だからといって、最初から大量に仕入れる必要はないんだよ。本当に納得のいく商品かどうか、いくつか仕入れてみて確かめてみればいいんだから」

「一つだけ仕入れて確認するってことですか？」

「一つでもいいけど、日本にもってくる送料は、10個でも20個でもあまり変わらない。

長財布の単価は1000円弱だから、10個買っても1万円くらいでしょ。まとめて買えば1個あたりの送料負担は少なくなるね」

「そうか、そうですね」

取引というと、つい大袈裟に考えてしまうが、彼のおサイフから出て行くお金は1万円なのだ。

「前も言ったけど、無理にやることはないんだよ。でも、やらなければ何も始まらない。せっかく自己資金を用意したんだからやってみたらいいんじゃないかな。自分で自信が持てるまで、ダメでも諦められる金額の範囲でチャレンジすればいい。最初は小さな額かもしれないけど、うまくいけば、それはこの先大きくなるための元手になってくれる。楽しみじゃないか」

田中くんの気持ちは決まった。

「僕、この長財布を10個買ってみます」

ルナが、あとは任せてという顔でうなずいた。

相場よりちょっと安い! が値付けのコツ

「じゃ、次の問題です。仕入れた長財布をいくらで売ればいいでしょうか」

山田社長も楽しそうだ。

「さっき、社長は原価の3～5倍以上で売れるかどうかとおっしゃいましたが、それが値付けのコツなんですよね」

「そうだね。せっかく仕入れるのに、儲けがないとやる甲斐がないじゃない。たとえばさ……」

山田社長は手近にあった紙を引き寄せると、ペンでなにかを書き始めた。

「仕入れた商品はインターネットで販売する場合、販売手数料とか商品の包装材の費用とか、諸経費が売値の35％くらいはかかるものだよ。それを想定してシミュレーションしてみると、原価の2倍では利益がほとんど出ないんだ。これを見るとわかるよね?」

◎18元（約300円）の商品を５倍の値段で販売した場合
原価　300円
売上　300円×５＝1500円
粗利益　1500円－300円＝1200円
販管費（売上の35%）　1500円×0.35＝525円
利益　1200円－525円＝675円

◎18元（約300円）の商品を３倍の値段で販売した場合
原価　300円
売上　300円×3＝900円
粗利益　900円－300円＝600円
販管費（売上の35%）　900円×0.35＝315
利益　600円－315円＝285円

◎18元（約300円）の商品を２倍の値段で販売した場合
原価　300円
売上　300円×２＝600円
粗利益　600円－300円＝300円
販管費（売上の35%）　600円×0.35＝210円
利益　300円－210円＝90円

「ほんとうだ。こう見ると、やっぱり5倍の値段をつけたくなりますね」

「しかし、そこで問題なのは、**5倍の値段をつけて売れる商品かどうか**だね」

「僕の選んだ長財布なら、相場6000円ですから、5倍で売っても大丈夫ですね」

田中くんは、そう言ってから、

「でも、もしかすると、6倍の値段でもいけるんじゃないですかね？　かなり品質もよさそうだし、6000円以上の値段でも売れそうな気がします」

と言い直した。高く売れるものを、無理に安くすることもあるまい。利益率は高いほうがいいに決まってじゃないか。最初のベルトなんて、90%が利益だったしね。そう考えたのだ。

すると、山田社長は少し困った表情をして言った。

「でも、それでは相場を超えちゃうよね。それはダメだ。そうやって値段をつり上げた人が失敗した例を僕はいくつも見て来たよ。相場感を軽く考えていると、思わぬ**悪循環**にはまってしまうんだ」

「悪循環？」

「そう。キミは自分の選んだおサイフが値段以上によい品で、相場より高く売れると思った。いや、実際、高く売ることにしたとしよう。すると、次に出てくる思いは、『高く売れるんだから、もうちょっと高い仕入れの商品でもいいや』となる。それがいい品物なら、『もっと高く売れるだろう。それならもっと高く仕入れてもいいな』って、同じこと繰り返してどんどん相場から離れてしまう。結局、品物はよくても価格で売れ残ってしまうんだよ」

田中くんはハッとした。つい目先の利益ばかりを考えてしまうが、ビジネスを俯瞰で見る目をもつことが大事なのだ。

「5000円で販売します」

田中くんの決断に、「うん、それがいいね」と山田社長は言った。

輸入ビジネスには、見えないお金と時間がある！

ルナがイーウーにある貿易会社にメールを送ってくれた。そして、返事は明日来るだろうと教えてくれた。

時刻はすでに22時を超えている。会社帰りに立ち寄ってからすでに3時間以上が過ぎていた。中国の現地スタッフもこの時間では誰もいない。

目の前の商品の売り買いでないだけに、見えない時間やお金がかかることも、輸入ビジネスを進めるうえでは注意が必要だと田中くんは思った。

そして山田社長に、

「今回はセカンドドアさんに仕入れをお世話になっていますけど、輸入代行会社に依頼した場合、**手数料**もかかるんですよね?」

「もちろんだよ。彼らはそれで商売しているんだから」

「手数料って、どれくらいなんですか?」

「会社によってまちまちだね。一般的には仕入れ価格の10%~12%くらいかな」

「手数料の安いところに頼んだほうがおトクな感じがしますね」

「う~ん。それがそうとも限らないんだよね。もう一つ、**為替レート**というポイントがあるんだ」

「中国通貨の1元が何円かってことですよね? それも会社によって違うんですか?」

「そう。各代行会社が自分のところでレートを設定しているんだよ。たとえば1元12円で計算する会社もあれば、18円で計算する会社もある。『手数料無料』をうたっている代行会社でも、為替レートが高ければ、かえって高い買い物になることもあるんだよ」

「そんなに違うんですか! でも、見分けるのは難しいですね」

「代行会社の為替レートは、会社のホームページや見積り書に記載されているはずだから、その部分もチェックしたうえで頼むかどうかを決めたほうがいいね。実際、『無料』や『格安』の文字に騙されて、代行会社とトラブルになった例もたくさん見てきたよ。誰にもそんなふうになってほしくないんだけどね」

手数料と為替レート、このバランスを見ることも重要だと田中くんは思った。

そして、もう一つ気になっていたことを口にした。

「今回、僕の買い物はすごく数が少ないじゃないですか。長財布10個買っても、代行手数料は微々たるものですよね？　それでも代行会社はちゃんとやってくれるものなんですか？　『こんな数じゃ、相手にできない』って、断られたり、いい加減に扱われたりしないのか不安になります」

「輸入ビジネスを始める人は**みんな少ない数から始めるもの**だよ。品質を確かめる意味でも、最初は手堅くいくからね。代行会社のほうも慣れたものさ。少量から始めて、一緒にビジネスを大きくしていこうという気持ちで対応してくれると思うよ。少なくとも、うちはそうだね。だから少量でも堂々と相談すればいい」

田中くんには、いっそう山田社長が頼もしく見えた。ビジネスに対する懐の広さを感じる。この人に出会ってよかったと改めて感じた。

「ちなみに、山田社長の会社にお願いした場合、手数料はどれくらいです？」

「うちは18％。高めに思うかもしれないけど、その代わり商品の検品までしっかり行う。つまり、通常の代行手数料に、検品の手間賃をプラスさせてもらっているわけさ。商品を中国から日本に送られる前に検品すれば、返品や商品の取り替えもスピーディに対処できるよね。日本についてから検品すると、なにかあっても返送に時間もお金もかかる。さらに、代替え品が送られてくるまでの時間もロスすることになってしまう」

「時間のロスか……。輸入ビジネスの場合、商品の移動する時間も考慮しないといけないですね。どのくらいで日本に届くんですか？」

「いくつかの輸送手段があるけど、一般的なのは**EMS（国際スピード郵便）**だね。これなら**3日くらいで届く**よ。ほかに航空便なら1週間、船便なら3週間程度だね」

「へぇ、意外とかからないんだ。船便なんて、何カ月もかかるのかと思ってたし」

「キミ、いつの時代に生きてるんだい？　世界はとても身近になってきているんだよ。しかし、EMSが早いといっても、国内の流通に比べればやはり時間はかかる。上手に発注して、ビジネスチャンスを逃さないようにしてもらいたいね」

「はい！　がんばります。ところで、**送料**はどうなんです？　国内に比べると、やっぱり高いんでしょうね」

「輸送会社と代行会社で契約した料金次第だけど。うちの会社なら、キミの購入した長財布10個で、1000円くらいかな」

「頭割りすると、1個100円くらいってことか。思ったよりも安いです。国内で小包送ったって、もっとかかるじゃないですか」

「ま、契約料金だからってこともあるけど、そんなに恐がるほどの金額ではないかもね。ただ、送料も代行会社によって変わるから、事前の確認は大事だね」

年商1億円を稼ぐ、お化け商品とは?

田中くんは、翌日もセカンドドアを会社帰りに訪れた。

ルナが、現地から見積りの返事がきたと連絡をくれたのだ。

うまくいくのかな……。期待と不安で複雑な心境だが、なにもしなければ、なにも変わらない。田中くんは、大きく深呼吸をして、セカンドドアの入口に立った。

「いらっしゃい!　待ってたよ」

山田社長はやさしい笑顔で迎えてくれた。その後ろからルナが顔を出し、

「きましたよ。イーウーからの返事」

と言って、１枚の紙を差し出した。

メールをプリントアウトしたもので、そこには、今回の仕入れの金額が書かれていた。

メーカーに問い合わせたところ、在庫はあったようだ。そして、交渉の結果、58元で仕入れられるとのこと。日本円にすると、およそ９２８円になる。

「おっ、少し安くなったね」

「うれしいです。これにセカンドドアさんへの手数料と、送料がかかるわけですね」

「そうだね。本当ならうちの手数料18%と送料で１０００円（1個１００円）くらいをプラスしてもらうことになるけど、今回はご祝儀価格、全部込みで1個１０００円で計算しよう」

田中くんの頭の中の電卓が計算を始めた。それほど早くはないが、足し算、かけ算くらいは、ちゃんとできる。

手数料が商品価格18%で１６７円、送料が1個あたり１００円として、合計すると、1個あたりの価格は１１９５円。およそ１２００円だ。それを１０００円で計算すると言ってくれているのだから、ありがたい話だ。

「いいんですか？　ありがとうございます！」

「いや、キミには助けてもらったからね。ほんのお礼の気持ち」

そうとなれば、あとは決断するのみだ。田中くんは、ルナに商品の仕入れを正式に発注した。

いよいよだなと田中くんは思った。そして、今後の儲けを電卓ではじき始めた。

仕入れ　商品代金1000円×10個＝1万円
（代行手数料、送料は込み）
販売　　5000円×10個＝5万円
利益　　5万円－1万円＝4万円

全部売れた時点で、彼の1カ月の小遣いを超える。さらに、彼の電卓は次のチャレンジも計算した。

5万円を元手に同じ長財布を仕入れると、5万円÷1000円で50個仕入れることができる。

これを5000円で販売すれば、
5000円×50個＝25万円。

彼の1カ月のお給料を軽々と超える。

どうせなら、ここまでは挑戦したいと田中くんは思った。いや、もし仮に、この長財布がもっと売れたら……。

25万円を元手に、長財布を仕入れると250個だから、それを5000円で売るといくらになる？　すごい！　125万円じゃないか！

田中くんが興奮気味にこの計画を山田社長に話すと、社長は「まずは状況を冷静に分析しよう」と言いながら、

「中には、本当に『お化け商品』があるからね。それに出会えたら、どーんと売れるよ」

「お化け商品ですか？　山田社長は出会ったことがあるんですか？」

「あるよ。僕が本格的に輸入ビジネスを始めたのは、それがきっかけになったかもしれないね」

「どんな商品だったんです？　聞かせてください！」

田中くんの横でルナも、「私も聞きたい！」と言った。

「僕は学生時代、放浪生活に憧れてね。その資金を稼ぐためにインターネットで商売を始めたんだ。ネットショップで安く売られているパソコン周辺機器を探して買い、それをヤフオクで売ってた」

「差額が利益になるってことですね」

「そう。最初は国内のネットショップで見つけて買ってたんだけど、利幅はあまり大きくない。それで商品をじっくり見てみたら、『メイド・イン・チャイナ』って書いてあったんだよ。それで中国のネットショップを調べてみたら、こちらのほうが断然安い。国内の半分くらいの金額で買えることがわかったんだ。それで中国から仕入れることにした。これが大当たりしたのさ」

「大当たりって、どれくらい？」

「いちばんピークのときは、1カ月で6000万円売れたよ」

「6000万！」

田中くんとルナは、驚きの声を上げた。

「もちろん、いまはそこまでは出ないけれどね。いい経験だったよ」

「はぁ……。そりゃ、いい経験ですね」

と田中くんが相づちを打つと、ルナが横から、

「社長、どうすればそんなお化け商品に出会えるんです？　コツがあるなら教えてください！」

さすが、将来中国貿易に携わりたいというだけあって、ルナは積極的だ。

「そうだなぁ。化けてくれるかどうかはわからないけれど、商品選びにはいくつかコツがあるね。やはり、消費者が欲しいと思うものでなければ売れないから」

山田社長はそう言って、商品選びのポイントを紙に書き出しながら解説し始めた。


〈ポイント①〉世の中の動きに敏感であること

街を歩いたり、電車に乗ったりしたときは、周囲をしっかり観察すること。人の服装や持ち物を見ていると、時代の空気が読めてくる。電車内の中吊りなどの広告もよい情報源。なにか興味をひくものがあれば、ネットで調べてみる。

〈ポイント②〉楽天ランキングをチェックする

楽天の人気ランキングは毎日変化する。自分の関心のある分野をチェックして、「いま、なにが売れているのか」を知ることは、販売する商品選びの参考になる。

家電なら、「価格ドットコム」も参考になる。

〈ポイント③〉「必要」より「欲しい!」ものを提供する

「いずれ必要になる」ものよりも、「いますぐ欲しい」というものを探す。季節感のあるアイテムは売るタイミングがとても大事。夏用マフラーは冬には売れない。消費者がちょうど「欲しい」と思う時期に提供できるように準備を始めることが重要だ。目安はオンシーズンになる約3カ月前。2カ月前には商品が手元に届いているように手配するとよい。

「こんな感じかな。一つずつ実践してみたら? 電車に乗ってスマホをいじったり、漫画を読んだりするくらいなら、キョロキョロ人間観察したほうがおもしろいよ。僕のリュックサックだって、そうやって見つけた商品だからね」

山田社長は、メモ書きを2人に見せて言った。

たしかに、2週間で600万円売り上げたリュックサックは、山田社長が電車の中で持っている人が多いと気づいて調べたことがきっかけだった。

なにが当たるかはわからないが、当たるものには必ず理由がある。そこに近づくには、やはり世の中の動きに敏感であることが重要なのだろうと田中くんは思った。

「**絶対売れるもの**なんて、ないんですよね?」

と、さらにルナがアドバイスを求めると、山田社長は「あるよ」と答えた。

「えっ! あるんですか?」

これには、田中くんも、思わず反応した。

「うん。消耗品の分野はわりと売れるよね。いまなら、LEDの懐中電灯とかかな。ただし、利幅は薄いよね。原価の5倍、10倍という値段で売れるかというと、それは難しい。お化け商品にはならないだろうね」

世の中の動きや相場を観察しながら、利幅が大きく、大量に売れる商品を探すのは、やはり容易ではない。しかし、巡り会うチャンスはある。田中くんは、自分の長財布が売れてくれることを心から祈った。

「それからもう一つ。**手を出さないほうがいい分野**もあるね」

「たとえば、どんなものですか?」

「代表的なものといえば、食品、化粧品、ブランド品だね。食品や化粧品は人の身体に直接影響するものだし、専門の商社もあるからね。この分野は手を出さないほうが無難だよ。ブランド品は、キミたちも知ってるだろうけど、ニセモノが多いからね。信用問題にも関わるし、やめたほうがいいね」

「ニセモノって、そんなに多いんですか？」

「ネットショップで、ブランドものなのに破格の値段で売られている場合には気をつけたほうがいいね。よほどの目利きができるなら止めないけど、商品を直にみて仕入れるわけじゃないし。気づかずに輸入して、税関で差し止めをくらうこともあるから。僕は輸入の際に許可や手続きが必要なものはできるだけ避けるようにしてる」

実は、田中くんは最終候補に絞り込む時点で、あるブランドの長財布を諦めきれずにいた。日本で買うよりも遥かに安い。いや、国産のノンブランド品よりも安いんじゃないかと思うような値段だったのだ。

山田社長のこの話を聞いて、「ルナちゃんの前で恥をかいちゃうとこだったな。ブランド品を選ばなくてよかった」と、心の中に少し冷や汗をかいた。

解説

CHECK POINT

仕入れの流れをつかもう!

この章では、中国から商品を輸入する手順をもう少し詳しく理解しよう。

1 仕入れる商品を決める

商品が絞り込めないときは、好きなこと、得意なことをきっかけに候補をあげてみよう。

2 「オークファン」を使って日本での販売価格の相場を調べる

・オークファンとは?

ヤフオク、楽天、アマゾンなど、インターネットのオークションやショッピングに出品された商品の比較、検討ができるサイト。過去2年間の落札相場などを調べることができる。

http://aucfan.com/

検索したい商品のキーワードを入力。

該当する商品がズラリと表示される。自分のイメージにあったものをピックアップし、どのくらいの相場で売られているかを観察しよう。

3「タオバオ」「アリババ」を使って中国で売られている相場を調べる

・タオバオとは?

企業間電子取引で世界最大手のアリババが2003年に設立した、中国最大級のインターネットショッピングサイト。個人ユーザーを対象とし、1個からでも商品が購

解説

入できる。ただし、タオバオの出品者自体は商品の取引、発送は中国国内のみしか対応しないので、日本から仕入れる場合には、代行業者を通す必要がある。

http://www.taobao.com/

検索したい商品のキーワードを入力。

該当する商品がズラリと表示される。自分のイメージにあったものをピックアップし、どのくらいの相場で売られているかを観察しよう。

解説

・アリババとは?

タオバオと同じ運営会社の阿里巴巴集団が運営する卸販売サイト。工場や商社が中心。まとまったロット単位での仕入れになるが、価格はタオバオよりも安く、ロットによりロゴ入れやパッケージ差し替えにも対応してくれる工場が多い。同名の英語サイト（http://alibaba.com）もあるが、出展企業や商品は異なる。英語サイトではなく、中国版（http://1688.com）を使う。タオバオ同様に発送や決済は中国国内のみのため、代行業者を使う必要がある。

http://1688.com

◎WEBの翻訳機能を使って、中国語で入力

タオバオは中国語のサイトなので、日本語で入力するとうまく検索できない場合もある。

検索したい商品のキーワードを入力。

解説

エキサイト、ヤフーなどの翻訳機能を使って、検索したい商品に関するキーワードを中国語に翻訳してから検索するのがおすすめだ。

http://www.excite.co.jp/world/

※99～100ページに「中国語の検索キーワードを探すコツ」を掲載しています。

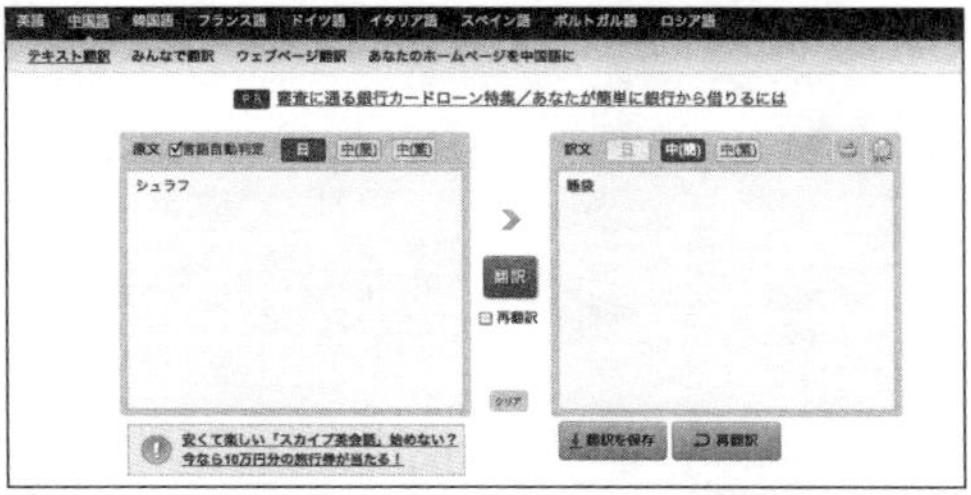

検索したい日本語のキーワードを、左側に入力するだけ。使い方は簡単だ。

4 日中の相場を比較。売値を検討する

・相場の差が大きいほど、利益が期待できる！
・販売価格は、日本の相場より少し安めにするのがポイント！
・原価の3倍以上の販売価格でも、日本の相場金額以内となることが商品決定の目安！

※通常は販売価格を決めてから見積もりを依頼しますが、販売価格が決められない場合や相場が分からない場合には、本文のように先に見積もりを取ってから考えるのも手です。

利幅が大きく、日本のマーケットに「お手頃感のある価格」で販売できる商品を根気よく探すことが重要だ！

5　輸入代行会社に見積りを依頼する

代行業者によって依頼方法は異なるが、メールで依頼または、WEBの見積依頼フォーマットから送信するのが一般的だ。

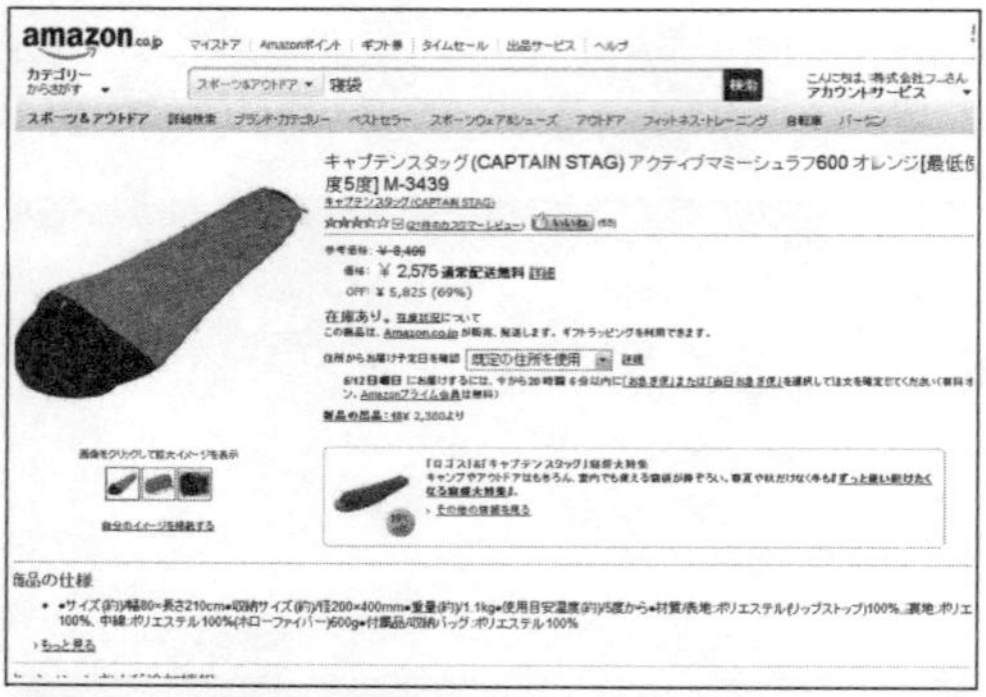

見つけた商品の画像をメールに添付すると、相手にも情報が伝わりやすくなる。

解説

セカンドドア御中
初めてメールさせていただきます。
下記のような商品の購入を検討しています。
お見積りをお願いします。

＊＊＊＊＊＊＊＊＊＊＊＊＊＊＊＊＊＊＊
・キャプテンスタッグ（CAPTAIN STAG）
アクティブマミーシュラフ600
・100枚
・参考アドレス
http://www.amazon.co.jp/B○○○○/
＊＊＊＊＊＊＊＊＊＊＊＊＊＊＊＊＊＊＊

＋＋＋＋＋＋＋＋＋＋＋＋＋＋＋
連絡先
田中一郎
E-mail:ichirotanaka@XXX.co.jp
090-XXXX-XXXX
＋＋＋＋＋＋＋＋＋＋＋＋＋＋＋

6　見積り検討、買い付けを正式依頼

金額の他、梱包の形状や重さなども確認しよう。運送料、関税、消費税、通関手数料なども合わせて確認すること。

解説

☆商品の販売については、第3章で詳しく説明します。

商品見積書

取引先名	田中一郎　様		日付	担当者	見積番号
			2013.5.3	李	2013-0503-5

下記の通りお見積り申し上げます。

品名・仕様	写真	単価（CNY）	最小ロット	ﾛｯﾄ体積	納期	仕入れ工場連絡先
バランスボール	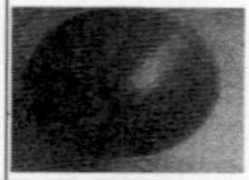	16	40	0.4CBM	3日	
アウトドア・寝袋		38	50	0.7CBM	28日	
ワンタッチテント3人用		50	100	1.8CBM	7日	

コメント

アウトドア寝袋は、ダウン割合によって価格が異なります。上記単価はダウン10%の場合です。

見積の有効期限：記載日より14日間

送料はご発注時の体積に基づいて計算いたします。

見積りは代行会社によってフォーマットが異なる。金額の検討と併せて、必要な情報がきちんと記載されていることも確認しよう。

解説

CLOSE UP!

輸入ビジネスには見えないお金と時間がある!

輸入ビジネスで必要になる費用は、商品の仕入れ代金だけではない。実際に中国から商品を運搬する費用や、間に介在する代行会社への手数料なども発生するので覚えておこう。

●代行会社の手数料と日数について

・手数料

代行会社によって手数料の割合や元の換算レートに違いがあるので、事前にきちんと確認しておこう。たとえば、「手数料無料」とある代行会社でも「元→円」の換算レートが高ければ、手数料が発生する代行会社よりも支払い金額が大きくなることもあるのだ。

解説

(例) 1万元の商品を仕入れた場合

◎A社
換算レート　1元18円
商品代金　1万元×18円＝18万円
手数料無料　0円
支払い総額　18万円

◎B社
換算レート　1元12円
商品代金　1万元×12円＝12万円
手数料　商品代金の12％
手数料金額　12万円×12％＝1万4400円
支払い総額　12万円＋1万4400円＝13万4400円

手数料の割合や換算レートは、代行会社のWEBサイトや見積書で確認できる。必ずチェックしよう。

解説

・手配日数

中国国内の市場で仕入れられた商品は、代行会社を経由して送られてくる。中国国内での移動に1、2日かかるので、実際の郵送日数にプラスして計画を立てるようにしよう。

●送料について

中国から商品を送る方法には、いくつかの選択肢がある。輸入する商品の大きさやボリューム、かかる日数などによって、賢く使い分けるようにしよう。イーウーは中国政府批准の貿易特区のため、国際物流コストが安いことで知られている。

・小ロットの場合

段ボール数箱程度の場合は、航空便（EMS、DHL等）を使う。送料は大きさ、重量によって算出される。EMSの場合は1kg当たり25元（約400円）前後、20kgの場合は8000円前後。ドアtoドアで通関の煩わしさもなく、関税や消費税の支払いが発生した場合も、配達時に現金払いすればよいので、納付の手間もない。

※この本では、1元を16円で計算しています。

解説

・15ＣＢＭ（＝15㎡）までの場合

商品のボリュームが増えてきたら（２００kg以上が目安）、混載コンテナでの輸送がおすすめ。複数の会社の荷物を1台のコンテナに詰め込み、海上輸送する。現地での商品の発送から、日本での納品まで、ドアtoドアでパッケージ化されたサービスを利用すれば、通関の手間もかからない。パッケージ商品の価格相場は、４ＣＢＭで５５００元（約８万８０００円）。１ＣＢＭには１４０サイズ段ボールが11箱入るので、１４０サイズ段ボール１箱が約２０００円で中国から日本に届くと覚えよう。商品到着には、約3週間かかる。

・15ＣＢＭ（＝15㎡）超の場合

容積が15ＣＢＭを超える場合には、20フィートコンテナを貸し切るとリーズナブルに輸送できる。通関費用や諸経費を含めて25万円前後の費用が必要だが、コンテナの容積は33ＣＢＭなので、満載で輸送した場合は１ＣＢＭ当たりの送料は約８５００円になる計算だ。通関作業は、プロの通関業者に依頼できるので、必要書類を業者にＦＡＸするだけで、煩雑な実務を負わなくても処理できる。

解説

●関税と消費税

商品を輸入する際に、原則として消費税・関税の納税義務があることを覚えておこう。

・関税

関税は輸入した商品にかかる税金で、かかる品目とかからない品目がある。購入予定の商品が課税される商品がどうかは、財務省のサイトで公開されているのでチェックしてみよう。

財務省貿易統計　http://www.customs.go.jp/tariff/kaisetu/index.htm

・消費税

海外から商品を仕入れた場合、輸入時には消費税が課税される（2016年現在は8%）。

・税金の納付

関税・消費税の納付については、EMSなら商品の配達時に郵便局員に支払えばよい。また、船便などでも、通関手続きまでパッケージで引き受けてくれる業者に依頼すれば、ＥＭＳ同様、簡単に納付できる。

解 説

中国語の検索キーワードを探すコツ

「ハロウィンのコスプレ衣装」を探したい場合

①翻訳サイトで「ハロウィン」「コスプレ」を翻訳。

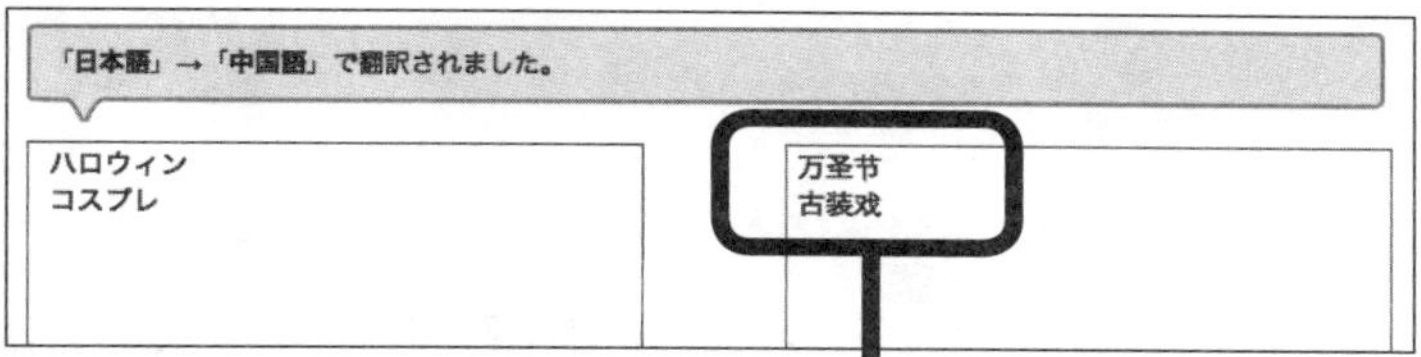

②アリババにコピペして検索。

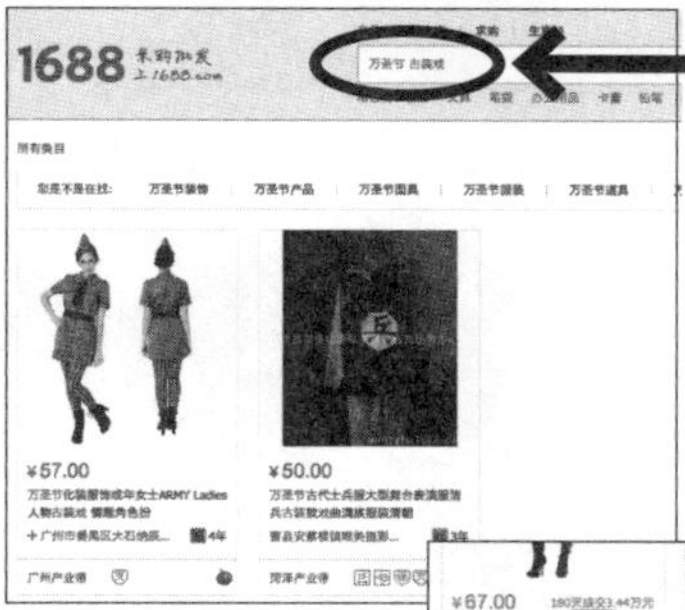

③２件しかヒットしないので、ハロウィンの意味である「万圣节」だけにして再検索。

④「cosplay」という単語が使われているようです。
そこで「万圣节」「cosplay」で再検索。

このように、検索結果から単語を拾っていくと、商品リサーチの精度が上がります。

サポート会社に依頼せず、自分で商品を探す場合にはこういう方法も手です。

※検索する際の実例として取り上げましたが、コスプレ衣装のなかでもアニメ・ゲーム等のキャラクター商品の場合、版権許可が必要です。商品仕入れの際は、十分ご注意下さい。

第3章　田中くん、本格的に販売を始める

売るための準備を始める

終業時間、5分前。

田中くんは会社のデスクで腰を浮かせぎみにして、時計の針をずっと眺めていた。5時ちょうどに会社を出ようと思っているのだ。

ゴールデンウイークの谷間の平日。世の中がのんびり動いているように感じる。連休にして休んでいる会社も多いから、今日は飛び込み営業もない。しかし、田中くんは社内で緊張の1日を過ごした。

昨日の夜、ルナから「商品到着！」とメールが来たのだ。

山田社長は海外だが、ルナが販売のための準備を手伝ってくれるという。これが早く行かずにいられようか。

「いよいよ販売だ。たった10個のお財布だけど、売れてくれたら次の元手もできる。僕の輸入ビジネスの道が開けるんだ。なんとしても売らなくちゃ」

田中くんは意気込んでいた。今日は朝から、どうやったら仕入れた長財布が売れる

のかばかりを考えていて、つい、コピー機の問い合わせにも、

「そうですね。リース料金は手数料・送料込みで1000円です」

などと言ってしまい、横にいた課長に
「田中！　お前狂ったか！」とすごい剣幕で怒られた。

昼間の仕事もしっかりやらなくてはいけない。わかっているのだか、今日ばかりはどうしても気持ちが長財布に向いてしまう。


「とにかく、早く商品を見て落ち着こう」

田中くんは小さく深呼吸をした。


時計の針が午後5時を指した。


課長は部長と話をしているところだ。

田中くんは、そろりと席を立つと、静かにタイムカードを押し、外へ出た。

山田社長の会社、セカンドドアまでは電車で2駅。駅からもさほど離れていないの

で、ゆっくり歩いても30分もかからない。

入口の前に立つと、中でルナが小ぶりな箱を抱えているのが見えた。


「いらっしゃい！　ちょうどよかったわ。はい、これが田中さんのお財布」

ルナは持っていた段ボール箱を田中くんに手渡した。

「箱を開けるのも緊張するね。どんな感じかな……」

ルナはニコニコと見守ってくれている。

箱の中には、10個の長財布がビニールに包まれて入っていた。

「イーウーの貿易会社のほうで検品してくれているし、品質的には問題なさそうね」

「思ってたよりもいい感じだよ。あとは売るだけだね」

「そうね。早速準備を始めましょう。ヤフオクの出品方法はわかるよね？」

「うん大体。この前ベルトを販売したからね」

「商品が長財布に変わっただけだものね。じゃあ、写真撮るのを手伝うわ」

「うん、助かるよ。どのアングルがいいか一緒に考えてくれる？」

「もちろん！」

2人はテーブルをはさんで向かい合い、長財布をいろいろな角度から観察し始めた。

使い心地が伝わる写真を撮る

「写真は、できるだけ使い勝手がわかるように見せたほうがいいと思う。**買う人がイメージしやすいことが大事**なのよ。たとえばバッグだったら外側にポケットがあるとか、A4サイズの書類がすっぽり入るとか」

「なるほど。長財布の場合は、カードが何枚入るとか、小銭入れの中にも仕切りがあるとか、使いやすそうな特徴を紹介できたほうがいいね」

ルナは「うん」と小さく首を縦に振り、長財布を開けてカードを差し込んでみたり、小銭入れの中を大きく開いて見せたりした。

ちょっとハードな革の長財布と、ルナの花模様をあしらったピンクのネイルの組み合わせは、ビジュアル的にも美しかった。

ルナのスマホを借りて、何枚か写真を撮った。データをパソコンに移し、2人で使い勝手が伝わりそうな写真を3、4枚セレクトして載せることにした。

パソコンの画面を見ながら、「このお財布、本当に使いやすそう」とルナが言った。

たしかに、シンプルなデザインで使い勝手もよさそうだ。誰かにプレゼントしてもいいよな……と考えていると、ルナも、

「紹介文に、『プレゼントにもおすすめ』とか入れたいわね。多分、ギフト用としても売れると思うな」

田中くんはうれしかった。ルナと同じ商品を見ながら同じことを考えたのもうれしかったし、ネットショップ店長のルナから、自分の仕入れた商品を評価してもらったことも誇らしく思えた。


「前に、山田社長に言われたの。**ネットショップはアクセスを増やす工夫と、途中で閉じられない工夫の両方が大事**だって」

「アクセスを増やす工夫と閉じられない工夫？」

「そう。商品を売る以上、少しでも多くの人に見てもらいたいでしょ？　とても不思議なことだけど、商品を購入する人の割合って大体一定なんだって」

「割合か。どれくらいなの？」

「山田社長は**1%**くらいって言ってた。つまり100人に1人よね。サイトを見てく

れる人が100人なら1人だけど、1000人いれば10人が買ってくれることになるわよね」

「そうだね。アクセス数を増やして母数を大きくすれば、購入者数も増やせるわけだ」

「だから、**検索でよく使われそうなキーワードをちゃんとカバーする**ことが大切なの」

「わかったよ。商品の情報だけでなく、『ギフト』みたいに、買う人と商品を結び付けるような言葉も入れたほうがいいってことだね」

「ほかにも、『送料無料』のように、お客様のメリットになることも、入れておくといいわね」

「わかった。じゃ、もう一つの閉じられない工夫っていうのは？」

「私もインターネットで何かを検索しているときに、サイトの情報がわかりにくいと『わからないからいいや』とか『ほかで探そう』とか、すぐに諦めちゃう。閉じられない工夫というのは、お客様を諦めさせるような材料をできるだけ排除するってことなの。**使い勝手がよくわかる写真や解説**があれば、お客様の不明点も解消されやすくなるのよね。今回はヤフオクだけど、楽天や自分のネットショップだったら**動画を掲載**するのもいいと思う。よりリアルに情報が伝えられるから」

さすが、山田社長のもとでネットショップの店長をしているだけのことはある。田中くんは改めてルナを見直した。

「よし。写真はこれでOKね。商品の説明文は、自分で作れるよね？」

「うん。いまのアドバイスをもとにやってみるよ。できるだけ使いやすさが伝わるように書いてみる」

「そうね。さらに言えば、わかりやすく簡潔がグッド。がんばってね」

ルナは席を立ち、ネットショップ店長としての自分の作業に戻った。

田中くんは30分ほど時間をかけて、丁寧に説明文を作った。

ヤフオクで販売を開始！

田中くんが声をかけると、ルナはまた戻ってきた。

田中くんの後ろに立ち、彼の前にあるパソコン画面を覗き込んだ。これから商品登録だ。1人でできないわけでもないが、ネットショップ店長のルナの意見を聞きながら進めたほうが勉強になると思った。もちろん、彼女がそばにいてくれるのもうれしかった。

「よし。じゃあ商品を登録するよ。ヤフオクってさ、**オークション価格**と**定額**のどちらかを選択できるよね。ルナちゃん、どちらがいいと思う？」

ルナはちょっと考えて、

「セカンドドアでヤフオクに出品するときは、開始価格1円でスタートにするけど……。オークションは予想より安い価格で落札されることもあるけど、売れ残ることが少ないのよ。山田社長は、販売価格にばらつきがあってもトータルで利益が出ればいいって言うの。でも、田中さんは初めてだし、最初から利益が減るのは嫌よね？」

「そりゃ、できれば儲けたいよ」

「じゃ、やっぱり定額がいいんじゃない？　そこに**値下げ交渉**のボタンをつけたらいいよ」

「交渉ボタンか。使ったことないや」

「定価で全部売れるのがベストだけど、売れ残ったときに値下げ交渉に応じることができるの。たとえば、定価5000円で出品した長財布に『3000円なら買います』みたいにお客様のほうから指値をしてくるのよ」

「言われたらその値段で売らないとダメなの？」

「ううん、交渉だもの。『3000円は厳しいけど、4000円ではどうですか？』とか、お互いが金額で合意できれば商談成立ってことね」

「なるほどね。じゃあ、ひとまず定額で、値下げ交渉ありで出品してみるよ。**開催期間**はどうしようかな」

「オークション設定なら、5日とか7日で設定することが多いわね。社長いわく、『商品の露出期間は長いほうがいい』だって。でも、今回は定額販売だし、状況も早く見たいから、一度2日で出品してみたら？」

「そんなに短い期間で売れるかな……」

「万が一売れなかったら、オークションが流れちゃうだけだもの。また、キーワードや写真をつけて**再出品**すればいいよ」

「そうか、2日間で一度様子を見て、**もし売れなければ、新しい工夫を加えればいいんだね**」

「売れ残るにはなにか理由があるはず。商品へのアクセス数が少ないのか、アクセスはあるけど、内容を見てもらえてないのか。それによっても対応策は変わるわね。状況に応じてタイトル、説明文、写真などを見直して、商品をより魅力的に見せる工夫をするのよ」

田中くんは、大きくうなずいた。

オークションの開催期間を選び、いよいよ出品する運びとなった。


2日後、田中くんは、再びセカンドドアを訪れていた。

彼の出品した長財布は、2日間で10個のうち7個が売れた。


「3個残っちゃった。何がいけなかったかな……」

「7個売れたのは、上出来なんじゃない？　でも、残りも売り切らなくちゃね」

2人で出品したときの原稿や、キーワードの設定を見直してみた。

「必要なことは満たしていると思うけど、タイミング的に『父の日』のキーワードを入れてもいいかも」


早いもので、セカンドドアを最初に訪ねたときは、まだ肌寒さの残る季節だったが、すでに4月も中旬になろうとしている。父の日は6月だ。

「よし！『父の日』を加えて、早速再出品だ！」

田中くんは、その場で再び2日間の開催期間で出品をした。

キーワードが功を奏したのか、出品の翌日には残りの3つも無事に売れた。

商品は楽天やアマゾンでも販売できる!

数日後、田中くんは会社帰りにセカンドドアに立ち寄った。

入金の確認ができたお客様に、商品を発送するためだ。自宅でも発送作業はできそうだが、同じお財布をいくつも包んでいたら親にいろいろ聞かれそうだし、梱包材もまだ揃っていない。今回は、セカンドドアで作業させてもらうことにしたのだ。

もちろん、そこに行けばルナに会えるというのもある。


会社につくと、珍しく山田社長がいた。またコピー機を覗いている。


「どうしたんです?　またトナー切れですか?」

初めて会ったときのことを思い出した。まだ数カ月のお付き合いだが、昔から知っているような気がしてくる。山田社長には、そんな不思議な魅力がある。

「キミ、失敬だなぁ。僕だって何度も同じ失敗はしないよ。今日、また新しいお客様から発注があるはずなんだ。来週イーウーの福田市場に一緒に買い付けに行くんだけど、取り急ぎ仕入れたいものがあるらしくてね」

「へぇ、いいですね。買い付けですか」

「ほかにも何人かイーウーに行ってみたいという人がいるから、ツアーを組んだんだよ。そうだ、キミも来るかい？　来週木曜日から行くつもりなんだけど」

「木曜日から会社を休むのは難しいですよ」

「じゃあ、あとから来てもいいよ。市場は土日もやってるからさ」

「えっ！　1人で？」

中国に辿りつけるのかな……と田中くんは不安になった。海外旅行の経験は一度しかない。しかも、大学時代に家族と一緒に出かけた2泊3日の韓国ツアーだけだ。

でも、イーウーには興味がある。山田社長と一緒に歩ければ、いろいろ学べることも多いだろう。でも、1人で本当に大丈夫なのか。

「実は金曜日から参加したいってお客様がもう1人いるんだよ。その人と一緒に来ればば？　彼はもう3度目だから慣れてるし、僕からお願いしておくよ。航空券はルナちゃんが手配してくれるから」

　自分はすごくラッキーな人間だと、田中くんは思った。これも山田社長と出会えたおかげだろうか。いろんなことがトントン拍子で進んで行く。

「はい！　よろしくお願いします！」

　こうして、田中くんの初買い付けも実現することになったのだ。


「そうそう、長財布のこと、ルナちゃんに聞いたよ。売れたんだってね。よかったじゃないか」

「ええ、うれしいです。彼女のアドバイスのおかげで、無事に売り切ることができました。さすがネットショップの店長ですよね」

　ルナのほうをちらっと見ると、満面の笑みだ。山田社長も、自分のスタッフをほめられたのはうれしかったようだ。

「で、どうするの？」

「販売で得られたお金を元手にして、長財布をもう一度仕入れるつもりです」

「5000円で10個売れたから、5万円か。そうすると、今度は50個長財布が買えるね。いいじゃない」

「はい！　がんばります」

するとルナが、

「田中さん、今度はアマゾンに出してみるのもいいかもしれないですよ。この間、同じような商品がアマゾンに出ているのを見つけたから」

「僕でもアマゾンに出品できるの？」

その質問に山田社長が答えた。

「**アマゾンは、類似商品が出品されていると自分たちが出品するのも簡単**なんだ。類似商品がない場合は、手続きがちょっと大変なんだけど。それに、**もう少し大きな規模になったら、楽天で販売するのもいい**かもね」

「楽天！　すごいや！」

「楽天は個人の人には少しハードルが高いね。**月に5万円くらいの固定費がかかる**から」

「それ以上の売上がないと、売りに出せないですね」

「ただし、売れるよ。それは、サイトを見に来る人の意識が違うからね」

「**意識**？　どういうことです？」

「ヤフーやグーグルで商品を検索している人は、買うか買わないか決めてない。何にしようか情報収集を目的にしている場合が多いんだよ。でも、楽天は買い物を目的に人が集まるんだ。買おうという意識で探しているということだね」

「たしかに、買いたい人が多いほうが効率は良さそうですね」

「そうだね。キミの扱い高が月に100万円くらいになったら、考えてもいいかもね」

100万円。大きな金額である。

田中くんも、本当に自分にそんなことができるのか、かなり不安があった。

うつむいて黙ってしまった田中くんに、山田社長は、

「自分には無理かもしれないと思ってる？　そんなことはないと思うよ。実際に、僕のお客さんの8割は、5万円を半年で100万円にしてる。もちろん努力もしているけど、ほとんどの人が副業だしね」

と言った。

田中くんは、心の中で、今度の買い付けの元手を5万円にしようと思った。昔からちょこちょこ貯めてきた貯金から、そのくらいは出せる。

そして、それを半年で100万円にすることを目指すことにした。

CHECK POINT

販売の流れをつかもう!

この章では、中国から輸入した商品を日本で販売する手順をもう少し詳しく理解しよう。

解説

1 商品の情報を用意する

ユーザーは不明な点があると、先に読み進めてくれなくなってしまう。できるだけ、商品の情報が詳しく伝わるよう、写真や解説文に工夫をしよう。

2 ヤフオクに利用登録する

・ヤフオク(ヤフーオークション)とは?

ヤフー・ジャパンが提供する、インターネット上のオークションサイト。ユーザーが出品した商品を気軽に売買することができる。

http://auctions.yahoo.co.jp/

ヤフオクに出品するには、登録が必要。画面右側の「出品したい」から「売り方ガイド」に進むと、詳しい利用方法がわかる。

ナビゲートに沿って進めば、利用登録、出品へと進んでいける。写真の撮り方や説明文の書き方なども出品の参考になる。

ヤフオクに出品する場合、出品回数や利用するシステム、オプションなどによってかかる費用が異なる。出品するには、プレミアム会員登録が必要。登録後は、出品は何度でも無料。また、落札されると、落札価格の8・64％（税込）×個数が回数に

解説

関係なく必要になる。

3　ヤフオクでの販売の流れ

商品を出品
⇐
落札者に通知
⇐
入金確認
⇐
商品発送
⇐
評価

●アマゾン、メルカリ、楽天などでも商品が販売ができる

・アマゾン

世界中で運営されている、巨大なインターネットショッピングサイト。もともとは

書籍販売だったが、現在は、衣料や生活雑貨、食品まで、幅広く取り扱っている。上部の「出品サービス」から出品登録すれば、自分の商品をアマゾンで販売できる。

「出品サービス」で出品登録。

自分の出品したい形態を選び、ナビゲーションにしたがって登録する。出品（出店）にかかる費用などの違いは事前に確認しておこう。

解説

出品者（出品店）の種類には小口出品者（月額利用料無料、1個販売ごとに100円の成約料が課金）と大口出品者（月額利用料4900円／販売成約料は無料）の2種類あるが、輸入ビジネスを行うなら後者がおすすめ。大口出品者なら、アマゾンで販売されていない商品でも新規商品登録が可能になる。

http://www.amazon.co.jp/

・**メルカリ**

個人間のフリーマーケットをインターネットで再現したアプリ。スマートフォンを使い、専用のアプリケーションで①写真撮影、②販売価格入力、③説明文入力の3ステップですぐに出品できる。出店費用は無料で、売れた時だけ10％の手数料が差し引かれる。取引ごとに購入者とメッセージのやりとりを行うため、訳あり品などの少量の販売には向いているが、大量販売には

最新出品順に表示される。

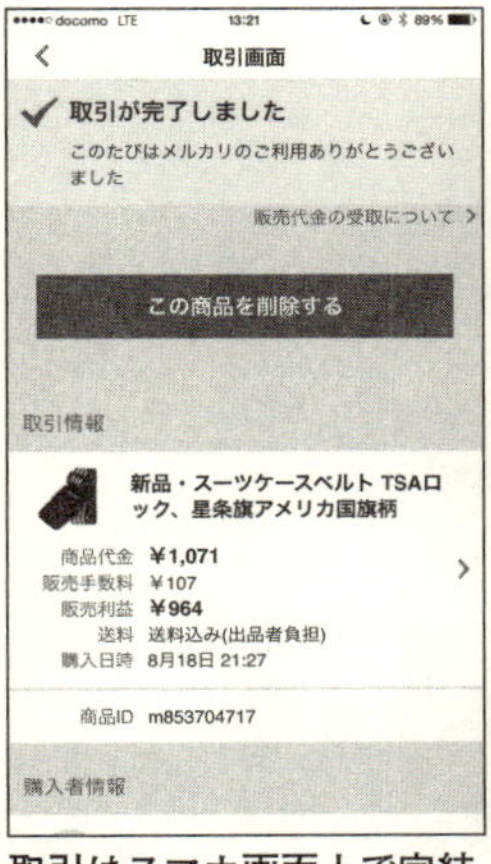

取引はスマホ画面上で完結。

解説

向かない。

スマートフォンのアプリはiPhone版とAndroid版がある。「メルカリ」で検索してダウンロードしよう。

・ヤフーショッピング

ヤフオクと同じ、ヤフージャパンが運営するショッピングモール。日本で最大の検索シェアを誇る「Yahoo!」での検索結果にも商品が掲載されるため、ヒット商品は売りやすい。ライト出店とプロフェッショナル出店の2種類があるが、デザインのカスタマイズや顧客リストが保有できるプロフェッショナル出店がお勧め。大規模サイトでありながら、月額出店費用、販売手数料が無料なのが特徴。ポイント付与負担やクレジットカードの決済手数料などは取引額に応じて必要になる。

http://shopping.yahoo.co.jp

プロフェッショナル出店も出店無料だ。

解説

・**楽天市場**

ネットショップといえば楽天というくらい、国内のインターネットショップ市場では最大のシェアを誇る巨大ショッピングモール。出店には費用がかかるが、販売をサポートしてくれるシステムも用意されているので、本気でビジネス展開を図るなら、押さえておきたい販売場所だ。

http://www.rakuten.co.jp/

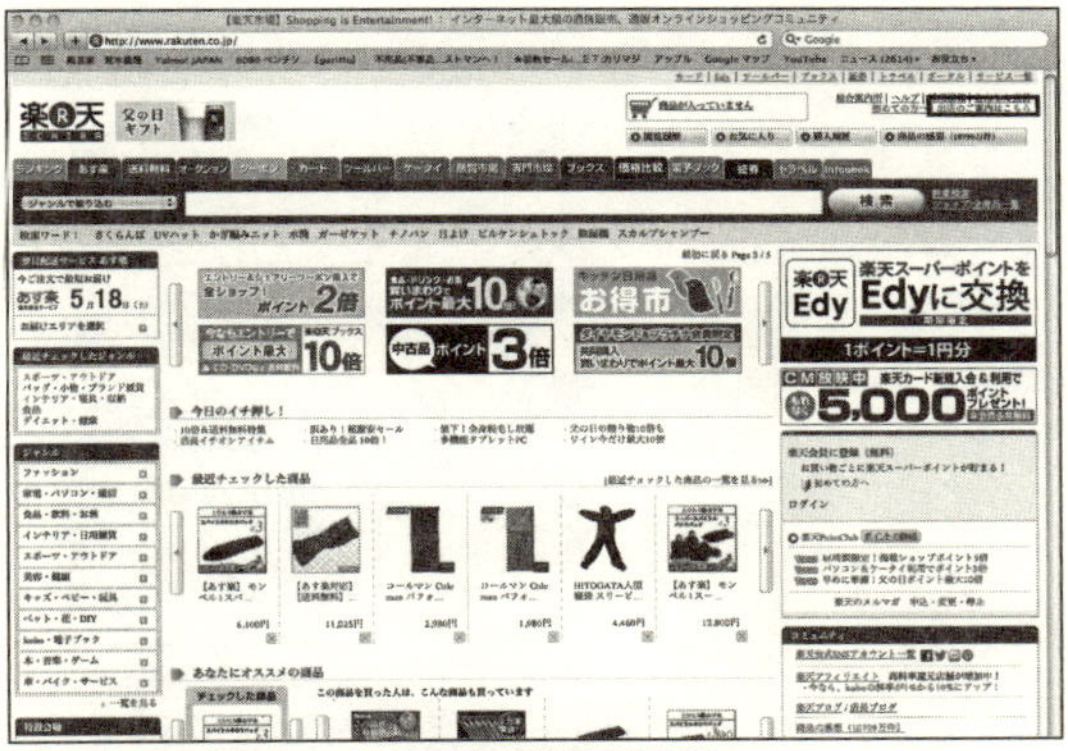

「出店のご案内」から、資料請求画面へ。

解説

楽天に出店するには、毎月の基本出店料と月の売上に対するシステム利用料が必要。プランによって、料金が異なるので、自分の展開するビジネスの規模に応じて選ぶようにしよう。

出店者の成功事例なども紹介されているので、参考にしよう。

第4章　田中くん、中国の問屋街に仕入れに行く

仕入れの前にするべきこと

「いいねぇ、田中くんは、のんきで。有給なんて、優雅だよなぁ」

有給願いにハンコを押しながら、課長が言った。

「はぁ、すみません。祖母が田舎から出てきて、どうしても東京見物したいって言うもんですから……」

田中くんは、書類に目を落としたまま返事をした。さすがに、中国に買い付けに行きますとは言えなかった。相変わらず会社での成績は上がらないままだ。それでも、山田社長の紹介してくれたお客様が、新しく知り合いを紹介してくれたりして、なんとか売上ゼロはまぬがれていた。それでなければ、課長から
「なんなら永久に休暇でもいいんだよ」

と言われていたに違いない。

「東京見物もいいけどさ。見物しながら取引先も探してきてよ」

課長は課長で、社長や部長からいつも攻められているのだ。部下が休みを取るのが面白くないのもよくわかる。イヤミの一つや二つも言いたくなるだろう。田中くんは、なにも聞こえなかったようなそぶりで自分の席に戻った。

買い付け出発までもう1週間もない。こんなことで気持ちが萎えている場合ではないのだ。準備しなくちゃいけないこともある。

「買い物のリスト作りも急がなくちゃな」

と心の中で自分に言った。


その日は、珍しく会社で残業をした。

とくに言われたわけではないが、有給をもらう手前もある。といって目の前にうず高く書類が積まれているわけでもない。

田中くんは、自分の顧客データをパソコンに入力し、整理を始めた。彼の顧客の数など知れたものだが、それでも名刺交換をさせてもらった訪問先などを含めると、それなりの数はあった。そして、エリア別や機種別、売上別に集計したり、メンテナンスのタイミングが時系列で表示できたり、一つのデータで様々な整理ができるようにデータを整えていった。

自分で思っていたよりも使い勝手のよいデータが出来上がり、田中くんは気分がよかった。そして、ハッと気づいたことがあった。

「そういえば、僕はいままで自分から仕事をしようと思ったことがなかったな」

課長から飛び込み営業をしろ、電話でセールスしろと指示され、一生懸命にこなしてきたが、それは自発的な行動ではなかった。いつも受け身で、言われたことだけやっていた気がする。そんな自分が、進んでデータの整理をしたのだ。

「これも山田社長やルナちゃんのおかげだな。輸入ビジネスを通して、目的達成に向けてなにをするべきか、常に先を考えて行動するクセがついてきたんだ」

ほかの人から見れば小さな進歩かもしれないが、田中くんは自分が少し成長したように思えてうれしかった。

翌日、田中くんは終業時間で仕事を切り上げ、セカンドドアを訪れた。

「お疲れさま！　今日は来られたのね。よかった」

ルナはいつものように笑顔で言った。

「うん。**買い付けのリスト**を仕上げないと気が気じゃなくてさ。パソコンを借りるよ」

田中くんは、パソコンの前に座り、早速、作業に取りかかった。

「キミ、買い付けの前にリストを作っておいたほうがいいよ。イーウーの福田市場は広いから、買いたいものを事前にピックアップしておいたほうが効率よく買い付けができるんだ。目当てのものがなかったからといって、慌てて次の候補を探すのはあまりに効率が悪い。事前準備もしっかりね」

ツアーに参加すると決めたとき、山田社長に言われた言葉だ。リストアップの方法はこれまでのベルトや長財布と同じだ。オークファンで商品の相場を当たり、タオバオで中国での大まかな仕入れ価格を調べる。原価の5倍でも日本の相場より少し安い、そんな商品が狙い目だ。社長は**3つくらいのジャンルで、それぞれに3、4種類のバリエーションを考えておくとよい**とアドバイスしてくれた。

「やっぱり革製品がいいかな。カバンとか」

商品探しは自分の好きなこと、得意なことから。その教えの通りに一つは革製品で選ぼうと思った。一つは、いつも自分が持っているようなカバン、そのほかはレディースのバッグに挑戦してみようと田中くんは考えた。

次に目をつけたのが、山田社長が最初にイーウーで仕入れたという、アクセサリーのパーツだ。原価の5倍は難しいかもしれないが、コンスタントに売れてくれるように思った。数多くのパーツから、手づくりのネックレスやブレスレットで使われることの多いカラーストーンやビーズをリストアップした。

そして最後のジャンルとして選んだのが節電グッズだ。エコな商品は売りやすいかもしれない。オフィスで使えるような卓上のサーキュレーターやひんやりグッズが売れるんじゃないかと価格を調べてみた。値段はまちまちだが、イーウーに行けば、もっと安く仕入れられるかもしれない。時間があったら調べてみたいと思った。

「ずいぶん進んだじゃない。掘り出しものはあったかしら?」

「実際に商品を見てみないとわからないけど、けっこう書き出すことができたよ」

と、田中くんはルナにリストを見せた。

小型・軽量・頑丈が商品選びの絶対条件

どれどれ? とルナはリストを上から見始めた。

「やっぱり革製品ね。あら、レディースにも挑戦? いいじゃない!」

山田くんは、ルナが自分の選んだものに反応するたびにうれしくてニコニコした。

先生にほめられた小学生のようである。

「あ、でもこれはどうかな〜。けっこう大きなカバンよね?」

「値段的にはいけると思ったんだけど、ダメかな?」

「中国から輸入するということを忘れてない？　この大きさだと持ち帰るのは大変だし、梱包すればかさばるし、**輸送代が高くついちゃう**」

「あ、そうか。自分で持って帰れるわけじゃないもんな」

「こっちのトートはいいんじゃない？　ぺったんこにして重ねられるし。少しぐらい箱が乱暴に扱われても壊れないから。精密機械やワレモノも止めたほうがいいよ。**壊れちゃったら売り物にならない**もん。輸入商品は、小型・軽量・そして頑丈が鉄則ね！」

「そっか。もう1回その目線で見直してみるよ」

「うん。がんばって」


輸入商品を運ぶ送料は、荷物の大きさか重さ、どちらかで決まる。つまりかさばるものや重量の重いものは、それだけ一つあたりにかかる送料が大きくなるということだ。また、壊れやすいものは、運ぶというだけでリスクを伴う。日本のように商品を丁寧に扱ってくれるという期待は、最初からしないほうが無難といえる。

田中くんはもう一度リストを見直し、修正を加えた。そして、商品の名前、オークファンとタオバオの価格、商品の写真を一覧にしてプリントアウトさせてもらった。

あとは金曜日に成田からセカンドドアのお客さんと一緒に飛行機に乗ればいい。

「空港での航空券の受け取り方はわかるよね？　田中さん、いい旅をしてきてね」

「ありがとう！　お土産買ってくるから」

せっかく卸売市場に行くのだ。ルナが喜んでくれるお土産も探すつもりだ。

東京ドーム21個分、6万店の巨大市場

成田から上海までの旅は快適なものだった。吉田さんというセカンドドアのお客さんとは空港ロビーで待ち合わせた。とても親切な人で、田中くんのチケット発券のために航空会社のカウンターにまでつきあってくれ、約3時間半のフライト中は、緊張しっぱなしの田中くんに自分の体験談などを話してくれた。山田社長によろしくと頼まれた責任を感じていたのかもしれない。

「じゃあ吉田さんも、最初は1万円から始まったんですか？」

「ま、そんなもんですよ。僕は生活雑貨が大好きでね。ほら、100円ショップで見

るような商品。日本の100円ショップ商品の多くはイーウーから仕入れられていると思いますよ。市場はとにかく広いし、生活雑貨だけでも1日で見切れないくらいにあるんです。だから何度も行っちゃうんだけど」

山田社長とは、2年前からのつきあいだという。セカンドドアのホームページでイーウーツアーを知り、参加したのがきっかけだったそうだ。

「それで、どうですか？　輸入ビジネスって儲かりますか？」

田中くんは気になっていたことを単刀直入に聞いた。

「そうだね〜。このビジネスは僕にとっては副業だけど、今は副業のほうが収入がいくらいだね。月にいくらと正確には言えないけど、年収は倍以上になったよね」

「年収が倍、ですか！」

「キミだってがんばれば、そのくらいすぐだと思うよ。成功を祈ってるからね」

上海の空港には、山田社長がイーウーに設立した貿易会社の社員が迎えにきてくれていた。吉田さんとも面識があり、合流もスムーズだった。

社用で上海まで車で来たので、イーウーまで乗せて行ってくれるという。山田社長をはじめツアーの人たちは、すでにイーウーの中で買い付けを始めていると教えてくれた。

「早く行きたいね。楽しみだ！」

吉田さんは子どものような笑顔を田中くんに向けた。

上海からイーウーまでは車で約4時間半ほどだ。長いといえば長いが、その間も輸入ビジネスのことで話題はつきなかった。

いままではセカンドドアの関係者としかビジネスの話をしなかったけれど、今回、吉田さんの話を聞いて、やはり山田社長やルナちゃんの言ってることは正しいなと田中くんは思った。


「着きましたよ」

貿易会社の社員に言われ、吉田さんと田中くんは車を降りた。

目の前に現れたのは、巨大なショッピングモールだ。


田中くんは首をめいっぱい上げて市場を見た。口を開けたままスケールの大きさに、圧倒されて立ち尽くした。

「やあ、来たね。待ってたよ」

聞き覚えのある声がした。山田社長だ。

午前中からツアーの人たちを案内して、今は自由時間中。といっても、貿易会社の現地スタッフが同行し、ツアー客に気になるものがあれば商談は手伝っているらしい。

成田から一緒に来た吉田さんは、早速ツアーチームに合流すると言って、行ってしまった。

「よかったら、少し見てまわるかい？」

「え、ええ……」

少々気後れぎみの田中くんを見て、山田社長は楽しそうに言った。

「もっと小さくてごみごみした場所を想像してたでしょ。ここ福田市場はイーウーの中でも最大の市場でね。東京ドーム21個分の広い床面積に、6万軒を超える常設ブースが並んでいるんだ。世界中からバイヤーが訪れるから、商売をしている彼らの目も世界に向いている。その辺が小さな市場とは違うかもしれないね」

「びっくりしましたよ。あまりに大きくて」

「しばらくしたら、慣れるさ。で、まずは何が見たいんだい？　リストの第一候補から案内するよ」

値引きのできる店、できない店を知る

「ほぉ、最初はバッグだね。じゃあ、2区かな。**福田市場の中は、同じ商材を扱っているお店がエリアごとにまとまっているんだ**。それぞれのお店に店長やお店のオーナーがいて、商談やオーダーができるんだよ」

エントランスをくぐり抜けると、通路を挟んで小さな店がずらりと並んだ風景が目に飛び込んできた。どこの店も少しでも多くの商品を並べようと通路にはみだして陳列している。その中をいろんな人種のバイヤーが行き交う。すごい活気だ。

田中くんは、店先の商品や買い付けに来ている人の様子を眺めながら、山田社長の後について歩いた。

山田社長は歩きながら携帯電話を取り出し、誰かに電話した。どうやら貿易会社の社員に2区に来てくれるように電話したらしい。

「何度も通ってるから、さすがに値段くらいは聞けるけど、商談はやっぱりむずかしいよ」と、田中くんに言った。

ほどなく2区に到着し、2人は端のお店から商品を眺め始めた。

「気になった商品があったら、そこで商談開始だよ」

山田社長の指示に、田中くんは「はい」と返事をした。

田中くんが今回の買い付けの第一候補に上げたのは革のトートバッグだった。日本で調べてみると値段はピンからキリまでだが、シンプルで使い勝手もよさそうなバッグがタオバオで、45元で売られているのを見つけた。福田市場は卸売の問屋街である。これよりも安く仕入れられるものがあれば、売れるのではないかと考えていた。

10軒ほどのお店を通り過ぎたとき、田中くんは気になる商品を見つけて立ち止まった。山田社長が店員に値段を聞くと、35元（約560円）だという。

オークファンで調べたとき、同じような雰囲気のものは3000円台で売られていた。これを2000円くらいで出品すれば、きっと売れるだろう。しかし、原価計算をするときには、商品代金560円に代行手数料と送料を加算して考えておかねばならない。これを3倍にすると2000円では売れないと思った。

◎35元（約560円）の商品を3倍の値段で販売した場合
商品原価　560円
代行手数料（セカンドドアは18％）
560×0・18＝100円（少数点以下切り捨て）
送料　100円（仮）
売上原価　560円＋100円＋100円＝760円
販売価格　760×3＝2280円

「2000円で販売するには、商品の値段を30元（約480円）に抑えないと。値引きの交渉はできるんですかね？」

と意気込んで山田社長に聞くと、

「まぁ、**複数のお店で見比べてみる**といいよ。安い値段で出しているお店が見つかるかもしれないし」

と、次のお店に進んでいってしまった。

確かに、どのお店も様々な商品を取り扱っている。これ以上の掘り出しものが出てくる可能性はあるのだ。田中くんは、山田社長に従い、そのお店の前を離れた。

何十件が眺めてみて、気になるものはいくつかあった。同じ形のバッグを32元で出しているお店もあったし、34元のお店も見つけた。

「いくつか候補が出てきたね。じゃあ、交渉に行ってみようか」

すでに交渉に当たってくれる貿易会社の社員も到着し、山田社長の後ろで笑顔を見せている。

「最初にバッグを見たお店は35元でしたけど、ほかに32元と34元のお店がありました。まずは32元のお店に交渉してみたいと思いますけど、どうですかね?」

「そうだね。当たってみようか」

山田社長、社員、田中くんの3人は、バッグに最安値をつけていたお店の前に来た。今回の軍資金は、貯金を切り崩した5万円だ。30元(約480円)のバッグなら100個ほど仕入れることができる。

貿易会社の社員が、お店のオーナーに声をかけ、**値引き交渉**を始めた。

「このバッグ、30元にしてくれたら100個買いたいんだけど」

なんとなく身振りや手振りで交渉してくれていることがわかる。しかし、その直後、社員は首を振りながら振り向いた。

「30元にするなら、1万個仕入れてほしいと言ってます」

1万個！　それは無理！　田中くんがぶんぶんと首を横に振ると、お店のオーナーも首を横に振った。交渉決裂だ。

「やっぱりダメか」

と山田社長は言った。

「やっぱりって……。社長はダメだろうとわかっていたんですか？」

「うん、まあね。僕だってずいぶんここに通っているからさ」

それなら最初に教えてくれればいいのに、と田中くんは思った。

「でも、最初から諦めたら始まらない。キミだって納得いかないでしょ？」

「……」

確かにその通りだ。「ここはダメだよ」と言われただけで諦めてしまったら後悔したに違いない。社長は僕に経験させるために、あえて時間をかけてくれているんだ。

そう思ったら、胸が熱くなった。

「じゃあ、次のお店に当たってみようよ。34元のお店もあったでしょ。あちらのほうが交渉できるかもしれないね」

後ろで貿易会社の社員の人も、「そうですね」と相づちを打っている。

「？？？」

何が違うんだ？　お店の人の気前がいいか、悪いかの違い？　付き合いのあるお店だから？　と想像してみたが、田中くんにわかるはずもない。とにかく行って話すのが一番だ。34元の値をつけたお店に、貿易会社の社員が入っていった。さっきと同じように交渉をしてくれているようだ。社員がお店を出てきて言った。

「30元で100個。OKしてくれました。ただし、商品はこちらでピックアップしてほしいそうです」

「うん、よかった。商品の引き取りはキミたちに頼むよ。取引はこれで成立だね」

山田社長がうれしそうに言った。

田中くんは横にいて、さっぱりわけがわからない。さっきのお店はダメで、こっちのお店はOKってどういうことなんだろう。

その疑問に、山田社長が答えてくれた。

「実はね、福田市場には2種類のお店があるんだよ。**工場直営のお店**と**卸売問屋**。工場直営のお店は、自分のところで作っているから交渉次第で安くできる。ただし、ロットが大きいんだ。最初に交渉したお店に『工場』って書いてあったでしょ？　だから、もしかしたら、大量に買ってほしいと言われるかなと思ったんだ」

たしかに、お店の看板の横にFACTORYの文字があった。自分が今後大きなビジネスをするときには、この文字を目安にお店を探すといいのかもしれないと思った。

「34元で販売してたお店は、卸売問屋だった。問屋はメーカーから仕入れて利益を乗せて販売しているから、自分たちの利益の範囲内であれば調整してくれる可能性が高いんだ」

少数仕入れのときは、こちらのほうが都合がよさそうだ。

「ただ、『工場』の文字もあてにならないところがある。卸売問屋が客引きのために書いていることもあるからね。**気になる商品を見つけたら、とりあえず、『いくらだったら買う』と指値してみる**のがいいよ」

「はい！　勉強になりました。それにしても、やっぱり問屋街ですよね、1万個なんてスケールが大きくて驚きました」

「福田市場は世界が相手だからね。日本のマーケットでは考えられないような、桁違いの取引がされることもよくあるんだよ」

「はぁ、自分の知らない世界ですね……」

「そうかと思うと、僕らのような小ロットの客にも対応してくれる。面白い場所だよね。気持ちとしては、『買わせてもらってる』って感じだよ」

山田社長は、ハハハと笑った。この人柄だからこそ、交渉もうまくいくんだろうなと田中くんは思った。仕入れ先に対して真摯な態度でいられるということは、自分のお客さんに対してもそうだろう。だからこそ信頼関係を培うことができるのだ。

「田中さん、注文書にサインをお願いします」

貿易会社の社員が言った。

「お店と**取引が成立したら、必ず注文書の内容を確認**しなくちゃいけないよ。商品名に価格、それに納期。保証期間をつけた場合はそのこともね。とにかく、**交渉して決まったことは全て書いてもらう**こと。書いていないことは、約束していないのと同じだから」

日本人でよかったと思うのは、漢字が読めることだ。同じ漢字を違う意味で使う場合もあるが、ニュアンスは読み取れる。貿易会社の社員が、一つひとつ指を指しながら説明してくれ、「不良品の返品、交換もすると約束してくれました。それもここに書いてあります」と言った。

代金は現金で支払う。福田市場に限らず、中国のマーケットではほとんどが**元**しか使えない。田中くんも、上海から移動する前に、吉田さんから聞いて両替をしておいた。

商品は後日引き取りとなるため、今日は手付けのお金として代金の30%だけ払えばいいと言われた。30元のトートバッグ100個だから、30元×100×0・3＝900元（約14400円）だ。

田中くんはお財布から元を取り出し、お店の人に払った。残額の支払いについて聞くと、「日本に商品が到着したときでいいよ」と山田社長が言った。


「おめでとう！　初めての買い付けは大成功だね」

「ありがとうございます。社長のおかげです」

「いや、キミのやる気があったからだよ。で、どうする？　もう少し買い物はできそうだけど」

もう1軒と言いたいところだったが、田中くんは、初めての経験づくしでへとへとになってしまった。いまここで、しゃがみこんでしまいたいくらいだ。

「すみません。本当に疲れてしまって。明日、また見に来たいと思います」

「わかった。じゃあ、そうしよう。ただ、明日は僕もツアーのお客さんの案内があるから、今日のようについていてあげられないよ」

「大丈夫です。市場の雰囲気はわかったし。今日で買い付けの目的は果たせましたから。明日はじっくり次回の市場調査のつもりで見て回りますよ」

「通訳がいなくても平気かい？」

「本当に見るだけですから。交渉するつもりはありません。困ったときは社長の携帯にお電話します」

「そうかい。じゃあ、ゆっくり見て回るといいよ。市場は流行に敏感だからね、人気商品はすぐに類似品が出る。見ていると、いまのトレンドが読み取れるよ。がんばってね」

その後、田中くんたちもツアー客と合流し、一緒に歩いてホテルへ向かった。ホテルは市場のすぐ近くにある。行きがけにお世話になった吉田さんに今日の成果を語り終わらないうちに到着してしまった。

夕飯はみんなで中華料理を食べた。とても美味しかった。ルナちゃんにも食べさせてあげたかったなと田中くんは思った。

翌日も、いい天気に恵まれた。

昨日は本当に疲れていたらしい。部屋に着くなりベッドに倒れ込み、そのまま気づいたら朝だった．爆睡したおかげで今日は元気だ。明日の朝には帰りの飛行機に乗らなくてはいけないから、今日1日を有意義にすごさなくちゃ。そんな気持ちでホテルのロビーに下りていくと、ツアーの人たちはすでに集まっていた。

さすが、みんな意気込みが違う。

福田市場へはまた徒歩で移動だ。といっても市場があまりに巨大で、中に入ってからの移動距離がすごい。目的のエリアは人によって違うから、入口で別れたら、多分、夕方の集合まで会うことはないだろう。

田中くんは、今回の資金5万円分の買い付けを昨日終えてしまったが、実際に支払ったのは代金の30％だけだったので、まだ手元に元が残っていた。全部使ってもよいかとも考えたが、それでは日本に戻ってからの支払いに困る。使い始めたら切りがないと自分にいい聞かせ、今回、リストアップしてきた商品を端からみて、タオバオとどのくらい価格の差があるかを勉強しようと思った。

アクセサリー用のパーツ、節電グッズなどを見て歩き、いくつか利幅の大きそうな商品も見つけた。「今晩、山田社長に相談して、良さそうなら日本に戻ってから仕入れてもいいな」などと考えて歩き、気がつくと、視界にカラフルな世界が飛び込んできた。どうやらアパレルのフロアに来たらしい。

「そうだ！　ルナちゃんへのお土産をここで買おう」

今回、いろいろと手伝ってもらったし、できる限りのお礼がしたかった。

といって、高いものを買ってもルナは多分喜ぶまい。それよりも、お値打ちでおしゃれなものを見つけてプレゼントしたほうが彼女の関心をひけるだろう、と田中くんは考えた。

洋服を買おうと思ったが、彼女は少し小柄で、サイズがよくわからない。それなら、スカーフや帽子のような小物がいいだろうと、レディース雑貨を置いている店を物色し始めた。

何軒めかで、ルナに似合いそうなスカーフを見つけた。スカーフが並べられた箱には「8」という文字が書かれている。

「これはきっと8元ということだな。日本円で約128円か。こんな感じのスカーフが確か1000円くらいで売られてたよな。いいじゃないか！」

よし、買おう！　と店員に声をかけようとして、田中くんは自分が中国語を話せないことを思い出した。昨日のように通訳や交渉をしてくれる貿易会社の社員もいない。とはいえ、大量に仕入れるわけではないし、たった何百円かのことで山田社長の手を煩わせたくない。

「もしかして、紙に書いたらなんとかなるんじゃない?」

田中くんは、持っていた紙に「8元×5」と書いて、店員に出してみた。

すると店員は、田中くんを上から下まで見て、首を振り、「**8ドル、8ドル**」と言った。

箱に「元」とは書かれていないが、「ドル」とも書いていない。仮に8ドルだとすると、1ドル100円として800円になる。それでは、日本のネットショップで売られている値段とさして変わらないことになる。

「そんなバカな!」

田中くんは、自分が仕入れに慣れていないから**足下を見られた**のだと直感した。頭にカーッと血が上るのが自分でもわかった。なにがなんでも、8元で買う! ともう一度、先ほどの紙を店員に突きつけた。店員も負けずに、腕組みをしたままそっぽを向く。いい加減にしろとどなりそうになったとき、後ろから肩をポンとたたかれた。

振り向くと、そこに立っていたのは、見ず知らずの青年だった。

「あなた、あれが買いたいんですね？　あれは8元、8ドルは高すぎる。日本人だと思ってふっかけてる」

と、その青年は声を潜めて言った。そして、

「ケンカしても疲れるだけ。ほかでも似た商品を見ましたよ。そちらに行ってみませんか？」

キョトンとする田中くんに、にっこり笑いながら話を続けた。

見ず知らずの人についていって大丈夫かな？　と思いながらも、ルナのために、自分が見つけたスカーフをどうしても手に入れたかった。旅先ということも田中くんを大胆にさせたのかもしれない。青年の後ろについて歩き出した。

青年が案内したのは、8ドルと言われたお店の3軒となりだった。そこにもさっきと全く同じスカーフが並べられていた。青年が値段を聞くと、店員は「**8元**」と答えた。やはり、8元だったのだ。

「あなた、何枚必要ですか？　わたし通訳しますよ」

「あ、ああ、5枚です」

青年は「はい」と返事をして、お店の人に話してくれた。そして、「枚数が多いと揃わないけど、5枚ならいま持ち帰ることができるそうですよ」と言った。

「じゃあ、8元で5枚だから、40元ですね。あなた、元持ってますか?」

「あります。払います」

田中くんはお財布から40元を数えると青年に渡した。

青年は店員に支払い、袋に入れた商品を持ってお店を出てきた。

「はい。これです。中身を確認してください」

「ありがとう! たしかに5枚。欲しかったスカーフです」

そして、青年に向かい、

「あなたのおかげで無事に買い物ができました。お礼をさせてください」

「いらないです。あなた困ってたので放っておけなかったのです」

「代行会社の人? だったら手数料を支払わないと……」

と田中くんが聞くと、青年はまた「いらないです」と言って、手づくりの名刺を取り出した。

そこには、陳という名前と、携帯電話の番号、メールアドレスが書かれていた。

「名刺が切れていて、手書きしかないです。個人で買い付けお手伝いです。日本のお客さんも何人かいます」

「今日はお客さんは一緒じゃないんですか?」

「お客さんに頼まれて商品の買い付けをした帰りです。あなた見てたら、日本のお客さんを思い出して、助けようと思いました」

「そうだったんですか。本当にありがとう。助かりました。よかったら、お礼に食事でもご馳走させてください。手数料も受け取ってもらえないのでは、僕の気持ちがおさまらない」

陳と名乗った青年は、「じゃあ、福田市場の中で」と言って歩き始めた。せっかく市場に来たのだったら、中の雰囲気が味わえる場所にと思ってくれたようだ。

案内されたのは市場の中にある中華料理屋だった。

田中くんは陳さんに好きなものを、と言ったが、チャーハンもラーメンも6元。日本円にすれば100円くらいだ。お礼というには申し訳ない金額だと思いながら、ビールと一緒に何皿かの料理を注文した。

お酒を飲み、話しているうちに、2人はどんどん打ち解けていった。

陳は田中くんと同じ24歳。去年1年間、日本の部品メーカーで研修生として働きにきていた。日本語はそこで覚えたそうだ。しかも、そのメーカーがあるのは、田中くんが住んでいる千葉県にあり、3駅しか離れていないこともわかった。

「僕たちにこんなに共通点があったなんて！」

「本当ですね。私もうれしいです」

田中くんにとって、陳はセカンドドア以外に知った初めての代行業者だった。いい商品があれば、いつか彼とも仕事がしてみたいと思った。

それが自分を大変な事態に巻き込んでいくとは、このときはまだ知る由もなかった。

解説

CHECK POINT

現地で買い付けをしてみよう！

この章では、中国の義烏（イーウー）の福田市場での買い付けの流れを学ぼう。

●イーウーとは？

イーウー市は、上海から南西に約３００キロメートルに位置する人口２００万人ほどの地方都市。面積は東京23区とほぼ同じだが、その街全体が巨大な卸売市場を形成している。世界のどこかで新商品が出れば、その数週間後にはイーウーで類似品が出回るといわれ、貿易商の間では、世界最大の雑貨仕入れ拠点として知られている。

●イーウーへのアクセスは？

日本からのルートは大きくわけて2つある。上海空港から入るルートと、杭州空港から入るルートだ。上海から入るのが一般的だ。

上海路線は便数が多く、航空券も安く手に入る。上海からは新幹線などでイーウー

交通手段（上海浦東国際空港から）			
高速バス	第１ターミナルと第２ターミナルの間に乗り場がある。「長途汽車」の案内板が目印。１日５便程度で、最終は18:40発。福田市場３区近くの国際商貿城バスセンターに着く。チケットの予約、事前購入はできない。	高速道路経由で４時間	180元
新幹線	空港リムジンバス①番線（上海虹橋駅直行）に乗車、虹橋駅で新幹線に乗車。当日行っても席がない場合が多いので、チケットはサポート会社に依頼して事前に予約しておくこと。パスポート番号が必要。	バス：１時間 新幹線：1.5時間（乗り換え時間含め４～５時間程度） 駅から市内まで：20分	バス：30元 新幹線：123元（二等車） 駅からのタクシー：30元程度
送迎車	到着便名、時刻をサポート会社に伝えて依頼。運転手は空港出口で待機しており、ホテルまで直行するので時間を短縮できる。	高速道路経由で４時間	800元（相場）

交通手段（杭州瀟山国際空港から）			
高速バス	国内線ターミナル到着フロアにあるバスのりば（国際線ターミナルからも歩ける）でチケットを購入。夜20時頃まで、１時間に１本程度。福田市場３区近くの国際商貿城バスセンターに着く。チケットの予約、事前購入はできない。	高速道路経由で1.5時間	60元
送迎車	到着便名、時刻をサポート会社に伝えて依頼。運転手は空港出口で待機しており、ホテルまで直行するので時間を短縮できる。	高速道路経由で1.5時間	350元（相場）

※価格等は2016年6月現在。

解説

に行く。

☆ワンポイントアドバイス：送迎車のチャーター費用は高いですが、スムーズに移動できてオススメです。

●福田市場とは?

福田市場（国際商貿城）はそのメイン市場となる場所で、東京ドーム21個分超の広大な床面積に6万軒を超える常設ブースが軒を連ねており、32万種類に及ぶアイテムが常に展示されている。今日では世界中からバイヤーが訪れ、1日20万人を超える人々が出入りしている。

1区

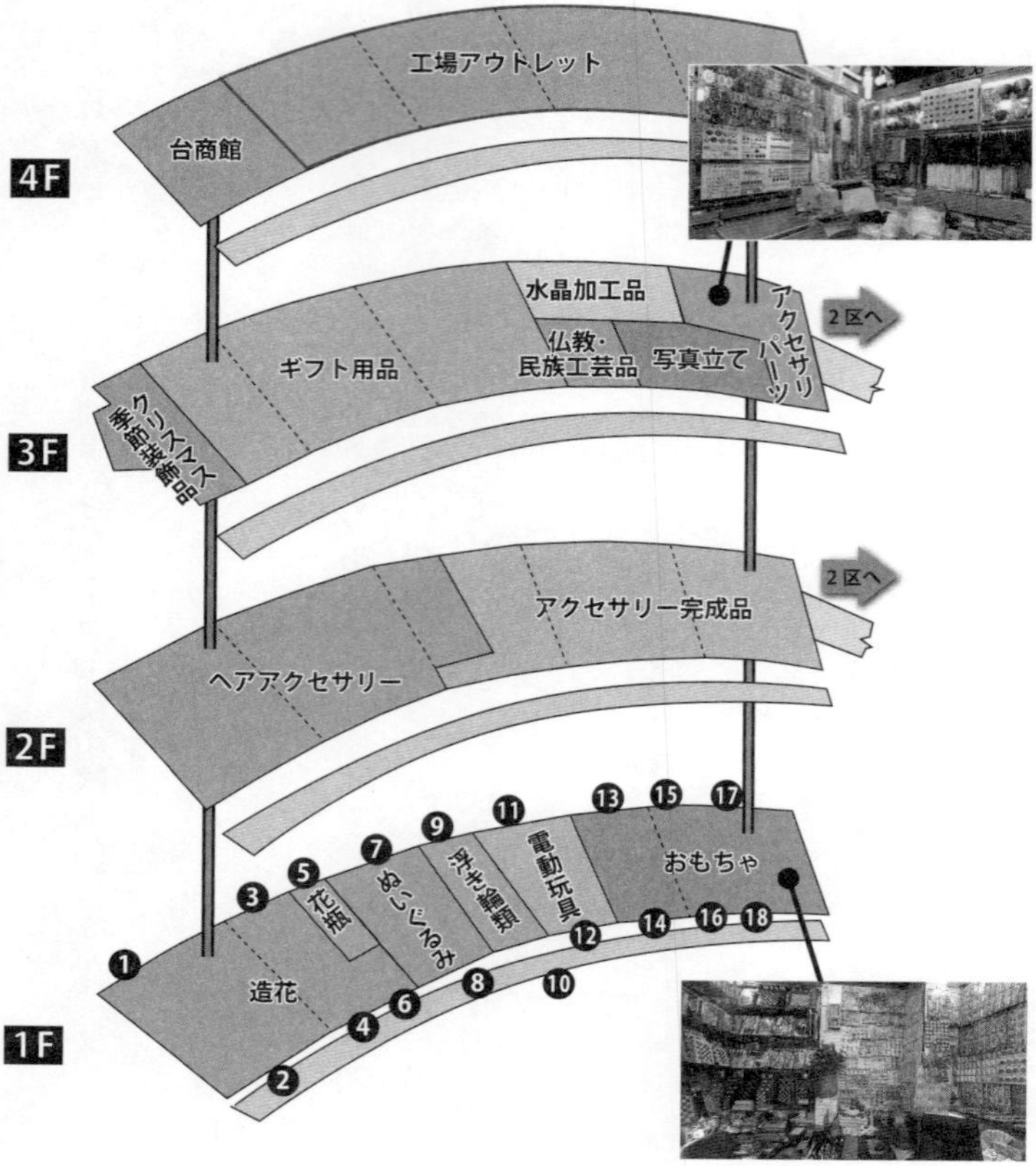

4F
台商館
工場アウトレット
3F
季節装飾品
クリスマス
ギフト用品
水晶加工品
仏教・民族工芸品
写真立て
アクセサリパーツ
2区へ
2F
ヘアアクセサリー
アクセサリー完成品
2区へ
1F
造花
花瓶
ぬいぐるみ
浮き輪類
電動玩具
おもちゃ
1
2
3
4
5
6
7
8
9
10
11
12
13
14
15
16
17
18

解説

1区東館

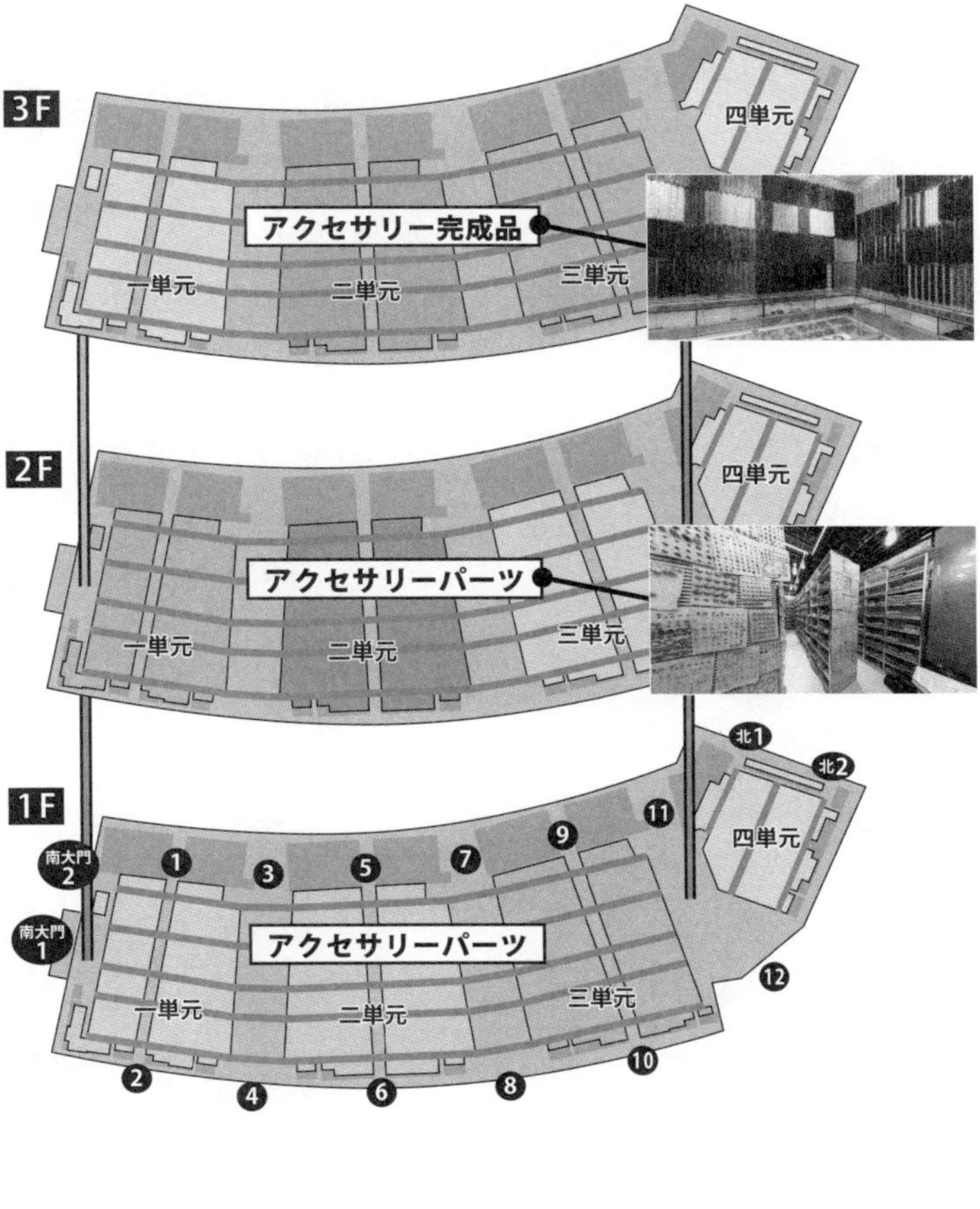

3F
四単元
アクセサリー完成品
一単元
二単元
三単元
2F
四単元
アクセサリーパーツ
一単元
二単元
三単元
1F
北1
北2
南大門2
南大門1
1
2
3
4
5
6
7
8
9
10
11
12
四単元
アクセサリーパーツ
一単元
二単元
三単元

2区

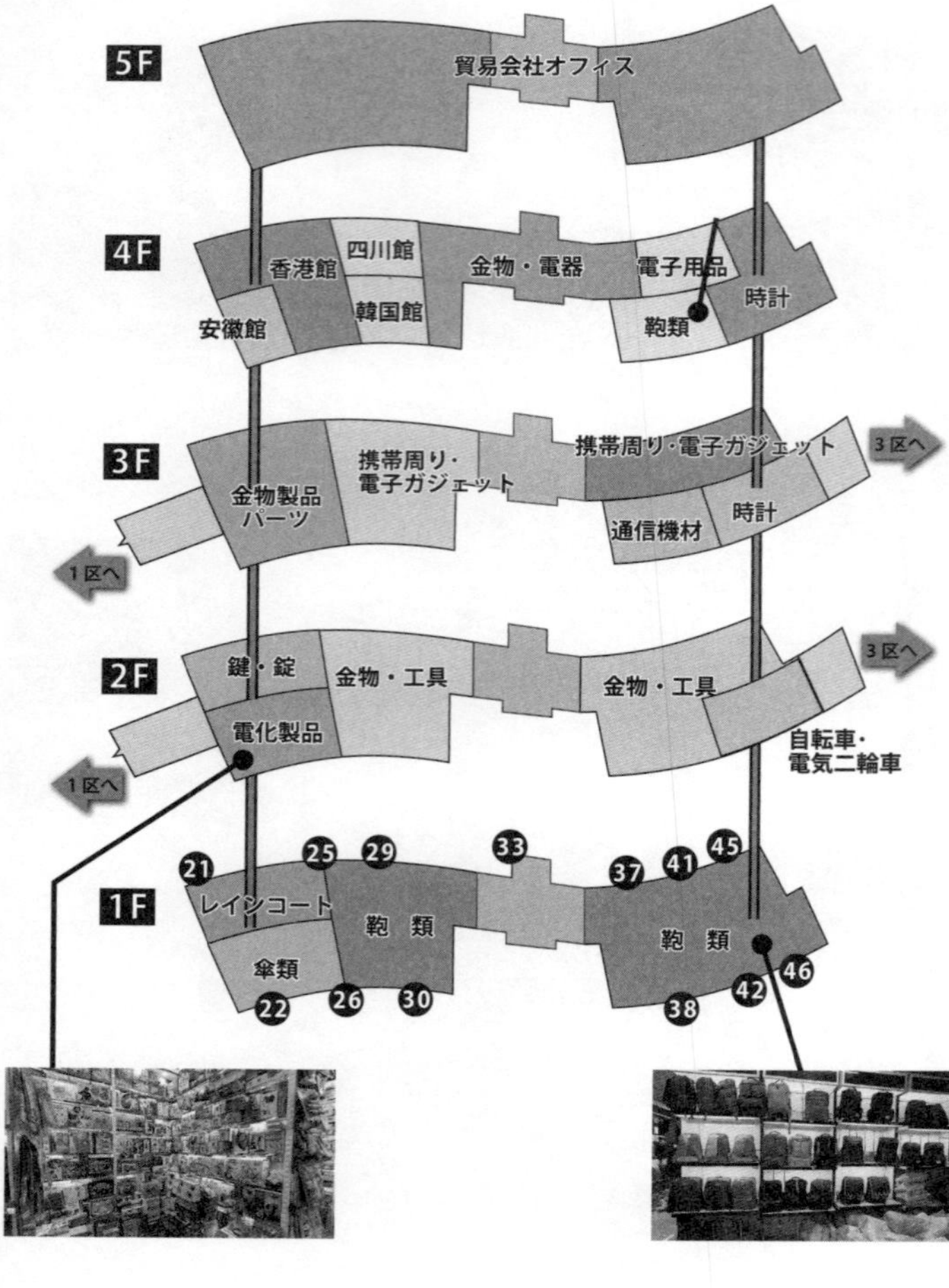
5F
貿易会社オフィス
4F
香港館
四川館
金物・電器
電子用品
韓国館
時計
安徽館
鞄類
3F
携帯周り・電子ガジェット
3区へ
携帯周り・
電子ガジェット
金物製品
パーツ
時計
通信機材
1区へ
2F
鍵・錠
金物・工具
金物・工具
3区へ
電化製品
自転車・
電気二輪車
1区へ
1F
21
25
29
33
37
41
45
レインコート
鞄　類
鞄　類
傘類
22
26
30
38
42
46

解説

3区

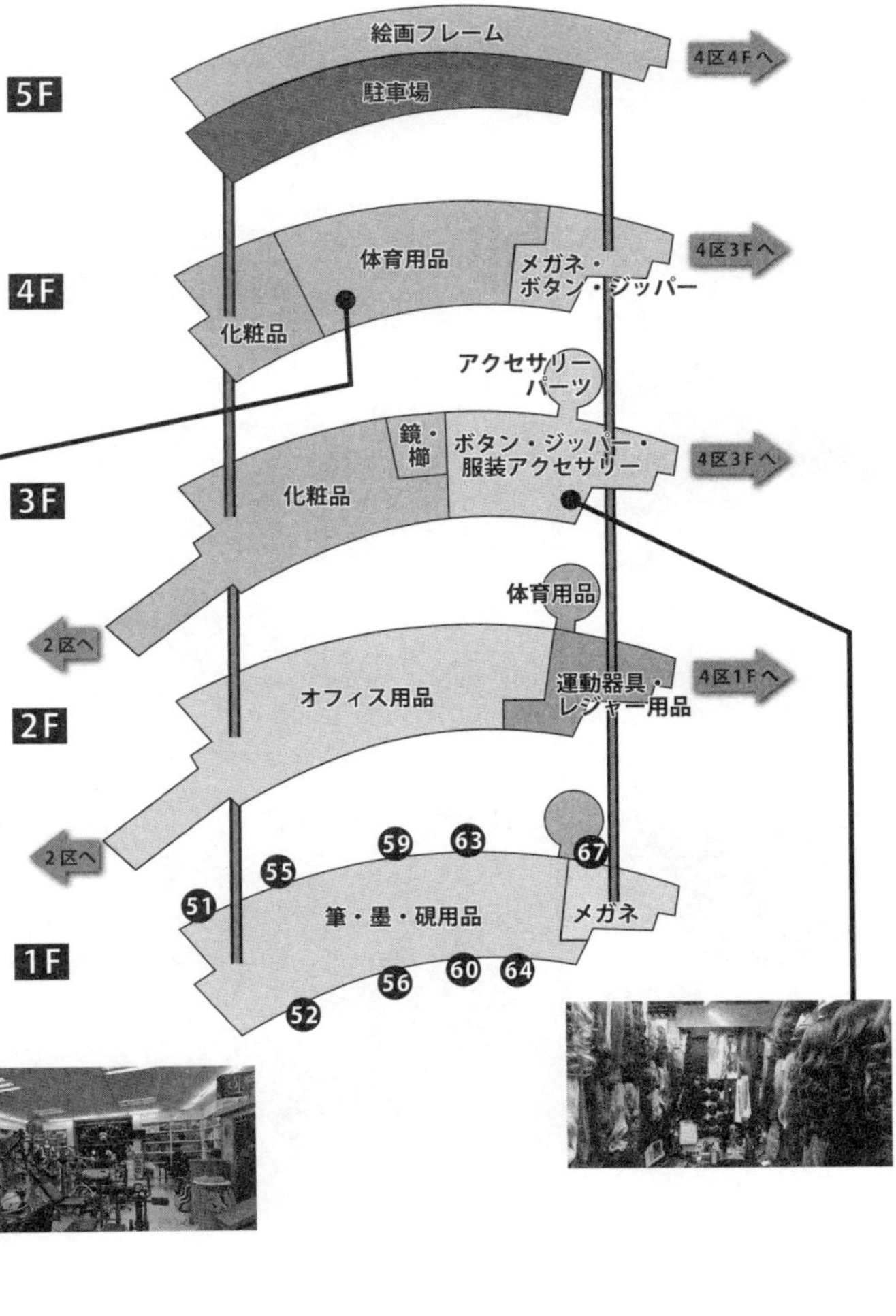
5F
絵画フレーム
駐車場
4区4Fへ
4F
体育用品
メガネ・
ボタン・ジッパー
化粧品
4区3Fへ
アクセサリー
パーツ
3F
鏡・
櫛
ボタン・ジッパー・
服装アクセサリー
化粧品
4区3Fへ
2区へ
体育用品
2F
オフィス用品
運動器具・
レジャー用品
4区1Fへ
2区へ
1F
筆・墨・硯用品
メガネ
51
52
55
56
59
60
63
64
67

4区

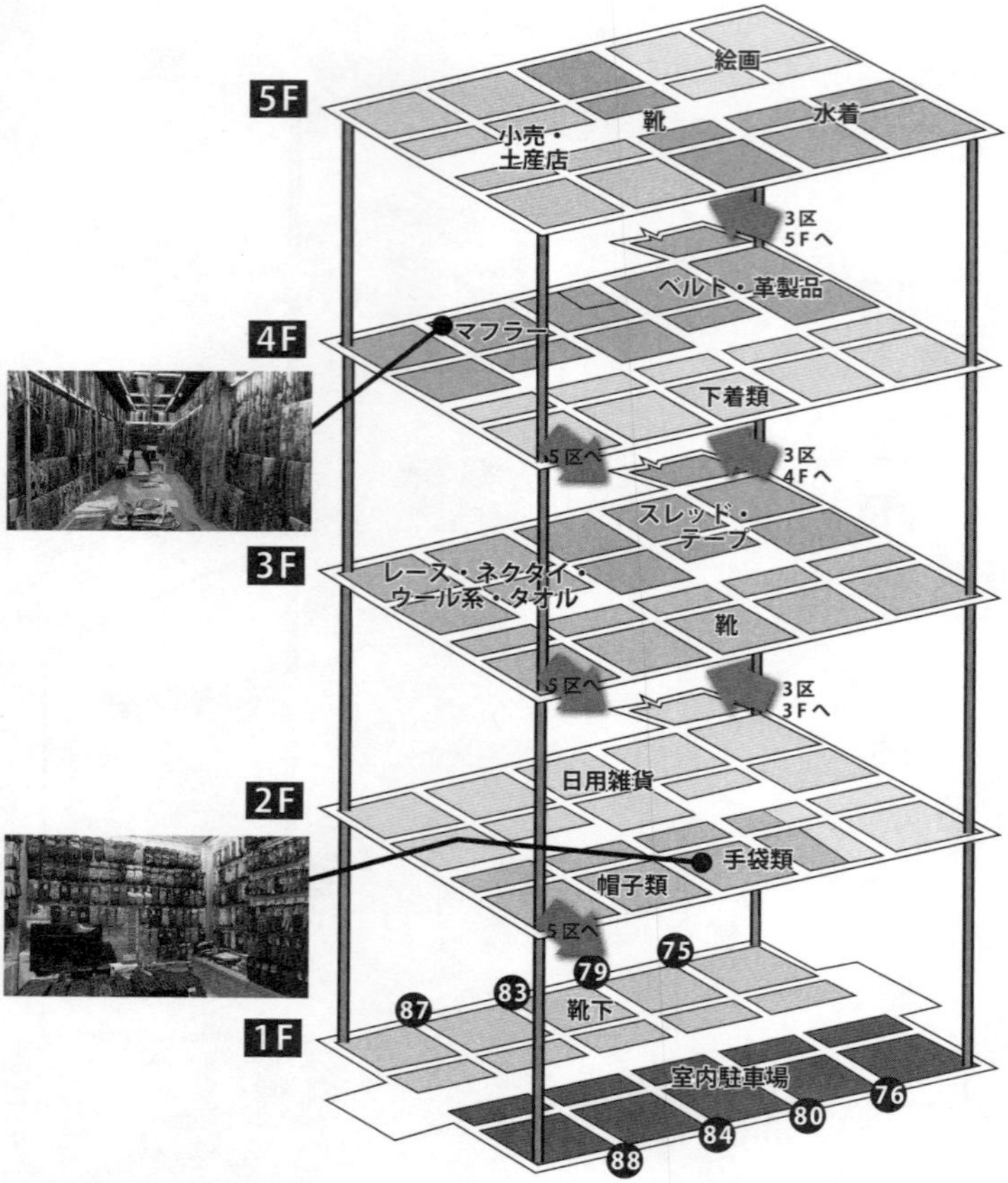

5F
絵画
小売・
土産店
靴
水着
3区
5Fへ
4F
ベルト・革製品
マフラー
下着類
5区へ
3区
4Fへ
3F
スレッド・
テープ
レース・ネクタイ・
ウール系・タオル
靴
5区へ
3区
3Fへ
2F
日用雑貨
手袋類
帽子類
5区へ
1F
75
79
83
87
靴下
室内駐車場
76
80
84
88

解説

5区

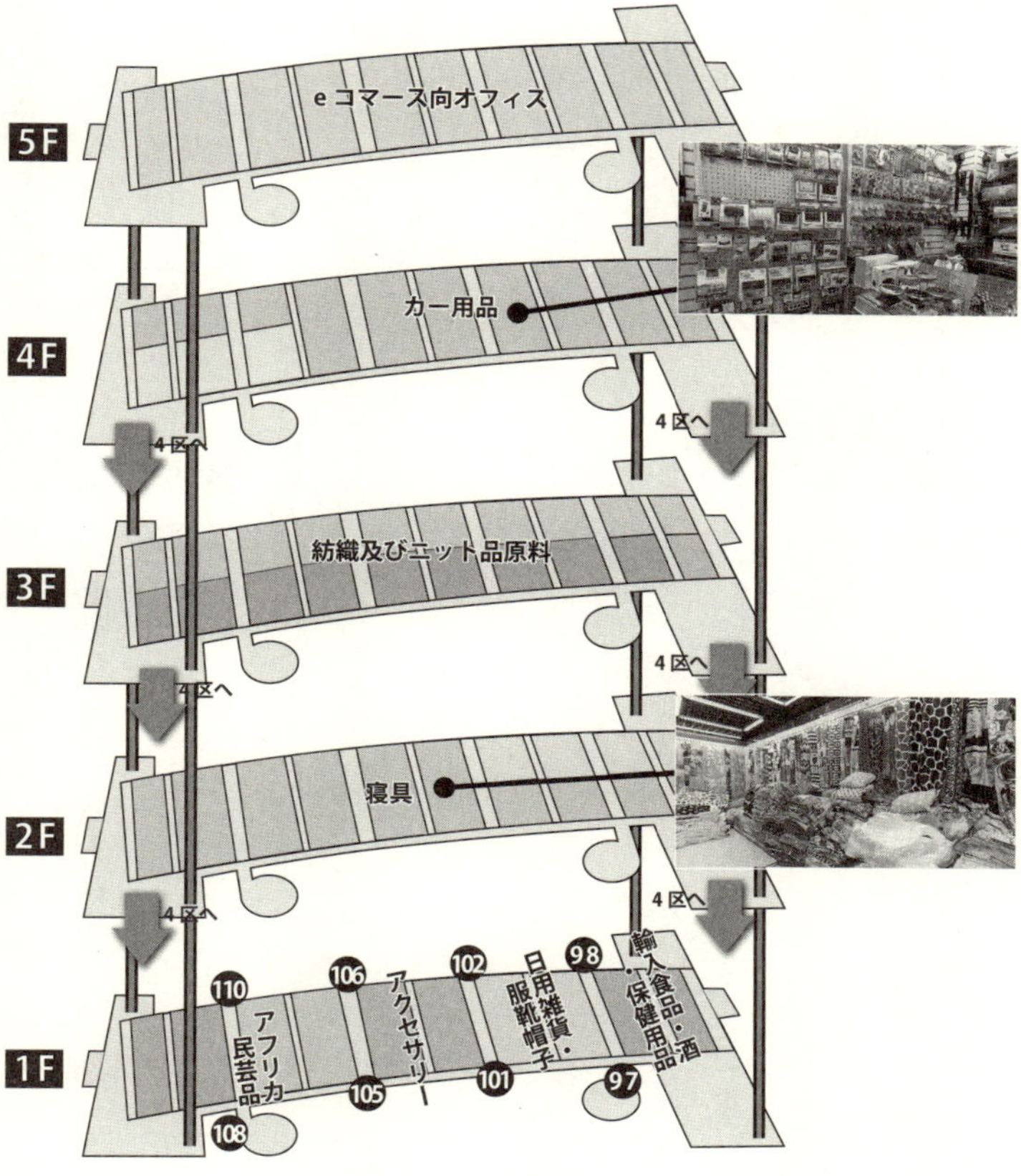
5F
eコマース向オフィス
4F
カー用品
4区へ
4区へ
3F
紡織及びニット品原料
4区へ
4区へ
2F
寝具
4区へ
4区へ
1F
110
アフリカ民芸品
108
106
アクセサリー
105
102
日用雑貨・服靴帽子
101
98
輸入食品・酒・保健用品
97

●アテンド・通訳の手配は？

イーウーで買い付けをするには、通訳が必須になる。限りある滞在時間を有効活用するためには、通訳の質が重要になる。個人で探すことも可能だろうが、その他の諸手配（宿泊予約や新幹線チケット、買い付け後の発送業務など）を考えると、一括してサポート会社に依頼するほうが簡単だろう。ただし、代行会社同様、サポート会社にもいろいろな質がある。日本にいるうちに数社問い合わせをし、よりよいパートナーを選んでおくと安心だ。

●現地での買い付けの流れは？

1　問屋を探す

福田市場は商品がジャンルごとに固まっているので、自分のお目当ての商品があるエリアに移動しよう。歩きながらお店の中を覗き、商品を探す。

2　商品情報を聞き出す

興味を引かれた商品が見つかったら、お店の社長やスタッフに声をかけ、商品情報を聞く。

解説

チェック項目①
・価格
・最小ロット
・ロット内で色違いやサイズ違いのアソートが可能かどうか
・日本で使えるかどうか（電気製品の場合「ＰＳＥ」、化粧品の場合「ＭＳＤＳ」等々）

上記の内容で納得できたら、チェック項目②を確認する。

チェック項目②
・納期
・商品（１箱ごと）の重さ（コンテナ輸送の場合は、箱の体積）
・パッケージの形状
・その他気になる点

解説

チェック項目をメモし、名刺をもらう。ファーストコンタクトでは買わず、利幅などをよく検討したうえで決める。

3 お店と交渉をする

2のお店に戻り、価格やロットを交渉する。買いたい商品を指差し、指値を言う。価格交渉は、「もっと安く」ではなく、「○○元なら、今日買って行く」などと、具体的に進めるのがコツ。

4 注文書を作る

価格、ロットで納得したら、注文作業に入る。お店側が注文契約書を作成するので、商品型番、数量、金額、（後日納品の場合は納期も）等を確認する。不商品は交換に応じる、電気製品は「1年間無償修理」など、先方と取り決めた約束事も必ず明記してもらうこと。契約書に書かれていない内容は、約束していなかったことと同じだ。

解説

5 支払いをする

代金は現金で支払う。クレジットカードは使えない。現品がその場にあれば全額支払うが、後日納品であれば、前金として商品代金の10%程度をその場で支払い、残金は納品時に検品してから支払う。

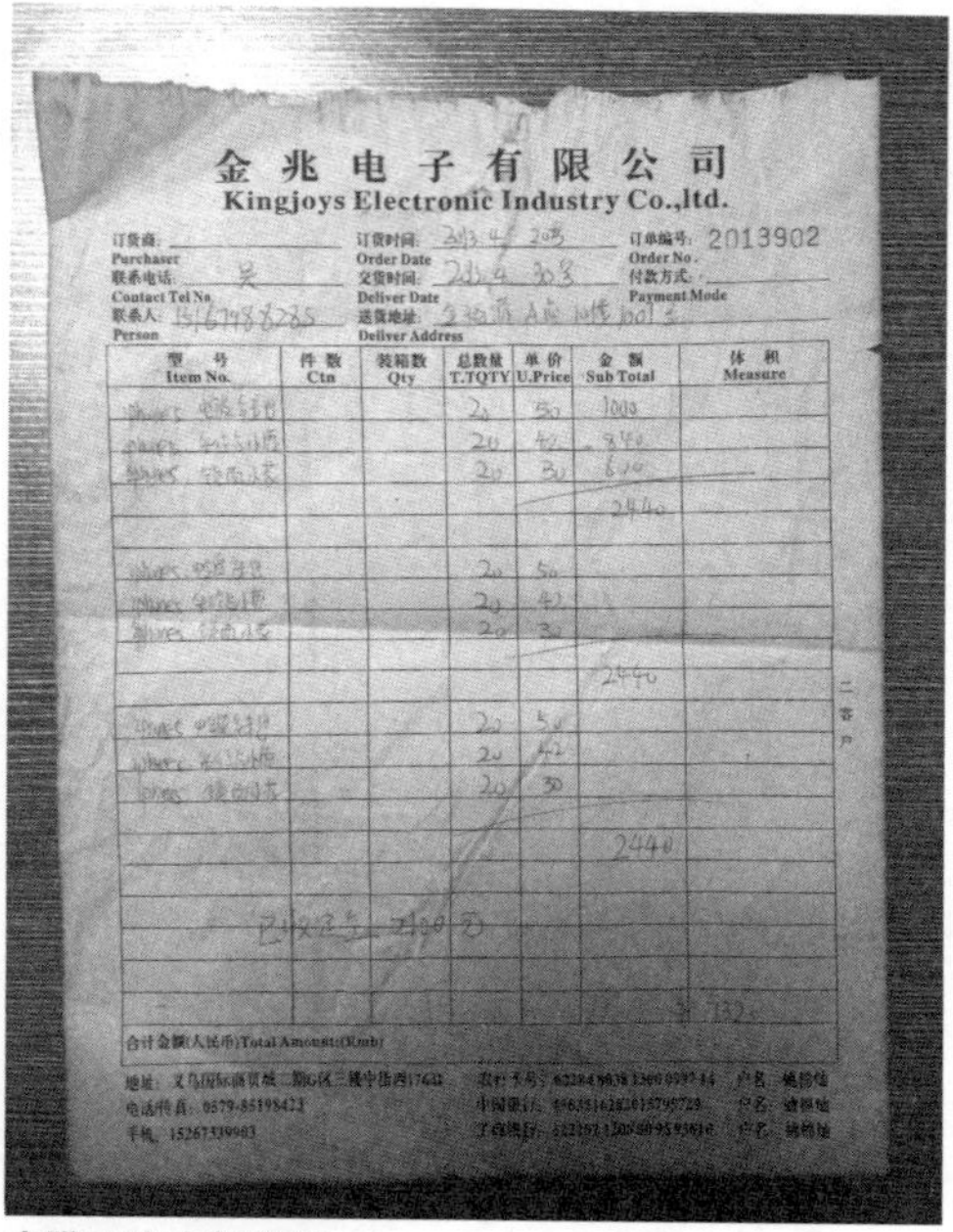

金兆电子有限公司
Kingjoys Electronic Industry Co.,ltd.

订货商: Purchaser
订货时间: Order Date
订单编号: Order No. 2013902
联系电话: Contact Tel No.
交货时间: Deliver Date
付款方式: Payment Mode
联系人: Person
送货地址: Deliver Address

型号 Item No.	件数 Ctn	装箱数 Qty	总数量 T.TQTY	单价 U.Price	金额 Sub Total	体积 Measure
[illegible]			20	50	1000	
[illegible]			20	42	840	
[illegible]			20	30	600	
					2440	
[illegible]			20	50		
[illegible]			20	42		
[illegible]			20	30		
					2440	
[illegible]			20	50		
[illegible]			20	42		
[illegible]			20	30		
					2440	

合计金额(人民币)Total Amount:(Rmb)

实際の注文契約書

第5章　田中くん、大勝負に出る！

中国からもたらされたチャンス

中国から帰ってきてからというもの、田中くんは穏やかな気持ちで日々を送っていた。イーウーで買い付けを経験できたこともよかったが、それよりも陳という青年に出会い、仲良くなれたことが大きな収穫だと思った。

「世の中には、あんなにいい人がいるんだよな。僕もあんなふうになりたい」

そう思うと、課長にすらやさしい気持ちで接することができる。

田中くんは、中国に行く前に自分で作った顧客管理のフォーマットを出力し、課長に提出した。

「課長、よかったらこれを使っていただけませんか？　僕が作った顧客管理のフォーマットです。意外と使い勝手がいいですよ」

「お前が作ったのか？」

「ええ、課長はお客様の数が多いですから、僕よりもきっと役に立つと思います」

いろんな角度から集計ができること、スケジュール管理にも役立つことなどを説明すると、課長はちょっと驚いたようだった。

「こんな才能があったとはね。まぁ、もらっとくよ」

「ええ、あとでデータもメールで送ります。なんなら顧客情報の入力も手伝いますよ。指示してください」

「田中……、お前、なにかあったのか？　熱があるんじゃないのか？」

これまで田中くんが自発的に会社に何かをすることはなかった。課長に気味悪がられるのも無理はない。

とにかく、今の彼は、陳を見習って、誰かのためになにかをしたい気分なのだ。


そして、彼が幸せな気分でいられるのにはもう一つの理由があった。

田中くんがお土産のスカーフを渡すと、ルナはすごく喜んだ。

ルナである。

「センスいいじゃないですか！」

ルナにほめられて田中くんの心は踊った。

彼女が自分のことを単なるビジネス仲間の1人としてしか見ていないのは百も承知だ。しかも、ビジネスでは彼女のほうが先輩である。でも、これで少しだけ彼女に近づいたような気がした。

そうなれたのも、陳さんのおかげだ。

田中くんは、どうしても陳に気持ちを伝えたくて、長いお礼メールを書いた。手書きの名刺でも、連絡先をもらっておいてよかった。

メールには、市場で買ってもらったスカーフを、自分の好きな女の子にプレゼントしたこと。彼女がとても喜んで、自分をほめてくれたこと。そして、陳さんがいなければ、この幸せは得られなかったと結んだ。


陳からの返事はすぐに届いた。もともと中国と日本では1時間しか時差がない。ちょうど彼もパソコンに向かっていたところだったのだろう。

メールはもちろん日本語だった。ところどころ字を間違えていたりするが、陳の気持ちはちゃんと田中くんに伝わった。

知り合いになれてうれしかったこと。田中くんの恋愛の手伝いができてよかったこと。恋愛の成功を祈っていること。

そして、また中国に来たら会いたいと書かれていた。

田中くんはメールを読みながら、ジーンと感動していた。心の中に温かいものが広がっていく。本当に人との出会いに恵まれていると思った。

そして、「応援してくれてありがとう。今度はちゃんとお仕事をお願いしたいと思います」と返事を送った。彼なりに、陳への恩返しのつもりだった。


陳とのメールのやりとりは、その後も続いたが、それは毎回他愛もない内容だった。メールの内容に変化が生まれたのは、さらに半月ほど経ったころである。陳から「**小型の扇風機を買わないか**」と書かれたメールが送られてきた。

添付された資料をみると、小ぶりで持ち運びのしやすそうな印象だ。しかもデザインが非常にかわいい。「人気が出るはずだ」と陳のメールにも書かれていた。

時期的にはもうすぐ6月だ。夏の商戦はすでに始まっているが、暑さが本番を迎えれば、扇風機の需要はまだまだ見込めるとも思った。

早速オークファンで調べてみると、陳の勧める扇風機と同じような型が5000円くらいで売れている。問題の仕入れ価格だが、陳の言って来た価格は1000円だ。代行手数料も込みの価格だという。送料は別にかかるが、それでも十分に利益は出せると思った。

山田社長とルナに意見を聞こうかとも思ったが、やめた。

「陳さんが言うのだから大丈夫だろう。たくさん儲けて2人をビックリさせてやるぞ」と思ったのだ。

化けるためには投資も必要?

小型扇風機を仕入れるには、資金がいる。田中くんにはその資金のあてがあった。

イーウーの福田市場で買い付けた商品は、先週入荷し、すでにヤフオクとアマゾンに出している。

ルナに手伝ってもらって、実際に使っているシーンを撮り、夏休みのプチ旅行にもおすすめとして売り出した。手頃な価格設定も当たり、販売からまだ1週間経っていないが1日10個のペースで売れている。この調子で行けば、来週半ばには完売し、およそ20万円の代金を手にしているはずだ。

そのことで、昨晩ルナと話したばかりだった。

少々おかしな展開になってはいるが……。

「田中さん、いい調子じゃない。1週間でこれだけ売れるのは優秀。私よりもセンスがあるのかもしれないわね」

「とんでもない。ルナちゃんは僕の先生じゃないか。まだまだ教えてほしいことはいっぱいあるよ」

「ありがと。お世辞でもうれしいわ。ところで、このあとはどうするの？　すぐに商品が底をついちゃうね」

「うん。まだこのトートバッグも売れそうだしね。もう少し仕入れてみようと思うんだ。20万円の資金があれば、1個500円のバッグが400個買える。そこまではやってみようかなと思ってさ」

1個2000円のトートバッグが400個。全部売れれば80万円になる。そこまでいったら、もう少し利益幅のある商品に切り替えようとも考えていた。

トートバッグは、原価の3倍でしか売れないが、5倍で売れるものを見つければ、儲けはどんどん増えるからだ。

「実は、ルナちゃんに買って来たスカーフを仕入れてもいいかなと思っているんだよ。

今回は5枚買って来たんだけど、1枚はキミに、1枚はうちの母親にプレゼントして、残り3枚をヤフオクに800円で出してみたんだ。そしたら、その日のうちに売れちゃった」

田中くんは、ルナがきっとほめてくれるだろうと思った。しかし、結果は意外なものになった。

「あのスカーフ、5枚あったの？　しかも私に黙って、スカーフを出品したの？　最低！」

ルナはプリプリ怒って、いなくなってしまったのだ。

田中くんはルナが怒った理由がわからなかった。あんなに気に入って、センスがいいと言ってくれたじゃないか。安いことがわかって怒ったのか？　いや、仕入れた値段や経緯もルナには伝えてあった。お値打ち品を見つけたのも偉いと言ってくれた。それなのになぜ？

「なんだ、キミたちケンカでもしたの？　ルナちゃん、ものすごく機嫌が悪いみたいだね」

　山田社長はルナにやつあたりされたらしく、苦笑しながら田中くんのところに来た。田中くんは、いまの会話を社長に話した。

「ははぁ、それはキミが悪いね。女ごころをわかってないよ」

「女ごころですか？」

「ルナちゃんはね、8元の値段で怒ったわけじゃない。キミが中国に出かけたのは買い付けの勉強のためであることはよくわかってるからね。いいものを安く買えたのは、むしろ彼女にとってもうれしいことのはずだ」

「じゃあ、なんで怒るんです？」

「でも、そのあとが悪かったね。同じものを母親にもあげて、しかも、彼女に無断で売ったんだろ？」

「ええ。でも、母親は別として、ネットで買ってくれたのは会ったこともない人ですよ」

「でも、買ってくれたのはきっと女性だよね。ルナちゃんはね、自分もほかの女性と同じように扱われたと思って怒ったんだよ」

「はあ」

「女性はね、いつでも自分は特別でいたいんだよ」


田中くんは、陳のメールを見つめながら昨晩のことを思い出した。

このことも、山田社長やルナに相談したくない理由の一つだった。


とにかく、ルナを傷つけてしまったことを謝りたい。

しかし、昨晩は田中くんが声をかけようとしても、ルナはずっと田中くんを無視し続け、あいさつもないまま帰ってしまった。

「この小型扇風機で儲けて、ルナちゃんにもっとステキなスカーフをプレゼントしよう。ううん、ブランドもののバッグでも、洋服でも、お詫びに買ってあげれば、きっと許してくれる」

田中くんは陳に「**ぜひやりたい**」と返事を書いた。


トートバッグを売った代金、20万円が今回の元手になる。

1台1000円なら、200台買える。

その旨メールに書き添えると、陳からは、「もっと買ったほうがいい」と返事がきた。

小型扇風機は**季節商品**だ。**売れる期間が短いので、まとめて買って在庫切れのロスをなくしたほうがよい**というのだ。

たしかに、200台だとすぐに売り切れてしまう気がする。田中くんは、彼のわずかな貯金を切り崩し、20万円に30万円を加えて50万円を用意した。これだと500台購入できる。

陳に連絡すると、またすぐに返事がきた。内金30%を送金してくれたら、すぐに仕入れて船便で送る。税関の手続きも自分のほうで処理するから大丈夫だと書かれていた。

田中くんは翌日、会社に行く前に郵便局に立ち寄り、陳に指定された中国の口座に振込みをした。3週間後には商品が到着するはずだ。

「でも、3週間、何もしないで待っているのはもったいないな」

田中くんは先にサンプルの小型扇風機をEMSで送ってもらい、それで写真や解説の原稿を作った。今度はセカンドドアでは作業ができない。仕方なく、自宅で1人ぼっちで作業を進めた。

ヤフオクには、商品到着の10日前に掲載した。もちろん、商品を発送するまでに10

日以上はかかるが、**1日でも早く露出したほうがよい**と考えたのだ。

田中くんの判断が正しかったのか、小型扇風機は瞬く間に売れた。1日20台、30台と売れる。中にはどこかの雑貨屋が、まとめて10台買いたいというのもあった。

「やった！　これはお化け商品になるかもしれないぞ」

田中くんは飛び上がりたくなるほどうれしかった。

陳からの商品は、予想よりも2日早く入ってきた。

それがわかったのは、母親からスマホに電話があったからだ。

「いっちゃん！　大変よ。扇風機が！　これはいったい何？」

いっちゃんとは、田中くんのことだ。彼の母親は、田中くんが子どものころからずっとそう呼んでいる。「一郎」と呼ぶのは、彼を叱ったり、文句を言いたいときだけである。

母親は、ややパニックぎみに、扇風機を連発した。

「ごめん、ごめん。説明しようと思ってたんだけど、商品が早めに着いちゃったんだ。危ないものじゃないから、預かっといてよ」

「預かるって、ちょっと、家に入り切らないわよ……」

田中くんは、最後まで聞かずに電源を切った。

セカンドドアならフロアも広いし、ちゃんと作業のできるスペースもある。家に帰ってからのことを考えると、恐ろしくなった。

「いや、せっかく陳さんが勧めてくれた商品じゃないか。とにかく、注文をもらった順に発送していこう」

会社を定時ぴったりに出て、まっすぐ家に帰った。

「ただい……ま……？」

小型とはいえ、扇風機５００台だ。田中くんが思っていた状況をはるかに超えていた。玄関ドアを開けると、出迎えてくれたのは扇風機が梱包された段ボールだった。

「いっちゃん。どうしたのよ、この扇風機。びっくりしたわ」

「実はさ、輸入ビジネスを始めたんだよ。この間中国で知り合った友人から、扇風機を仕入れたんだ」

「輸入？　そんなことして大丈夫なの？」

「大丈夫だよ！　それより母さん、明日からこの扇風機を送るのを手伝ってよ」

「私が？　どうしてよ？」

「いいじゃん。早く片付いてほしいでしょ。ちゃんとバイト代も出すから」

母親は、これじゃ掃除機もかけられないと文句を言いながら台所に消えていった。


「さぁて、どれどれ？」

田中くんは大きな段ボールを一つ開けてみた。中には一つひとつ箱に入れられた小型扇風機がギッシリつまっている。船便の荷物の取り扱いを心配したが、箱も潰れることなく無事に届いたようだ。田中くんはひとまず胸をなで下ろした。

そして、すでに注文をくれたお客さんのために、納品書をプリントしたり、宛名ラベルの印字をしたり作業を始めた。すでに扇風機の注文は300台を超えている。

いままでとは桁違いの作業に戸惑ったが、確実に儲けられている。これは何よりの喜びであった。

その晩は徹夜で作業をした。明日、自分のいない間でも母親に作業をしてもらえるように準備も整えた。これで母親が慣れてくれれば、しばらくは発送作業を頼めそうだ。

翌日、田中くんは商品代金の残りを陳に送金した。そして、送金の報告メールには、商品を迅速に送ってくれたお礼と、売れ行きが好調であることも書き添えた。

ブログやフェイスブックで商品認知度を上げる！

小型扇風機の売れ行きは、恐いくらいに順調だった。

販売からおよそ2週間で、販売台数は400台を超えている。母親は、ブツブツ文句を言いながらも毎日発送を続けてくれた。

田中くんは、陳に現状報告のメールを書いた。すると、陳からすぐに返事が戻ってきた。

「田中さん、**追加で小型扇風機を買いませんか？**」

とある。この勢いならまだ売れるだろうと陳は言う。田中くんもそう思った。このまま売れていってくれれば、シーズン終わりまではまだかなり売れるはずだ。うまくすれば、いまの4、5倍は売れるのではないか。

田中くんはしばし考えた。

最初に購入したのが、小型扇風機500台。これがすべて売れると、

1台5000円×500台＝250万円

これをすべて元手に、さらになけなしの貯金50万円もはたいて小型扇風機の資金にすると考えると、

（250万円＋50万円）÷1000円＝3000台

田中くんは、陳に「**あと3000台買いたい**」とメールを送った。陳からは、「たくさん買ってくれてありがとう」と返事がきた。

ようやく陳さんにも恩返しができたな。田中くんはうれしかった。しかも、300

0台がすべて売れると、売上は1500万円になる。これまで手にしたことのないような金額だ。

ここまでいけば、ルナちゃんにも好きなものを買ってあげられる。1人でこれだけの売上をあげれば、見直したとほめてくれるに違いない。なんとしても売らなくちゃ。

田中くんは、さらに売上をあげるための対策に取り組んだ。

今回は、インターネットの利点を活かして、自分なりの宣伝をしてみることにした。**フェイスブック**と**ツイッター**は以前からアカウントを持っている。更新はまばらだったが、せっかく持っているのだ。活用しない手はない。

快適な使い心地や商品の特徴を、いろんな角度から書いてはアップしていった。**ブログも立ち上げ、毎日更新**した。もともと季節にぴったりハマる商品だし、「節電」「省エネ」を意識する人も多いから、記事を見た人は結構反応してくれた。

フェイスブックの「いいね！」もどんどん増えた。

おかげでヤフオクに商品を見に来てくれる人の数も、うなぎ上りに増えていった。

発売から3週間で初回の商品は、完売となった。さらに、次回入荷分の予約も順調だ。すでに追加3000台の手配は済んでいる。

陳からは一昨日に商品の段取りができたと連絡がきていた。その直後、手付金として代金の30%、90万円を彼の口座に振り込んだ。

解説

CHECK POINT

ブログやフェイスブックで拡販を狙おう！

田中くんはこの章で、商品をより広く知ってもらうためにフェイスブックやブログを利用した。ここでは拡販のための、メディアの使い方について学ぼう。

1　ブログ

ブログは基本中の基本。ユーザーは「その道の専門家」から買いたいと思っている。その道の専門家としての見識は、ショップ上よりもブログで披露した方が分かりやすい。宣伝色を無くし、商品に関連する記事を毎日更新していくのがコツだ。

2　フェイスブック

ブログと同様、原則として費用がかからないのがフェイスブック。良質な記事は「シェア」機能で多くの人の目に触れ、ネットショップへのアクセスに繋がる。より短期間でのアピールには、有料広告メニューもある。

3　アフィリエイト

アフィリエイトは、ホームページに貼られた広告をクリックして売上があった場合に数パーセントをホームページの持ち主に支払う広告形態。日本ではバリューコマース、A8.netなどのアフィリエイトサービスプロバイダを使うことで、手間なく導入ができる。成果型報酬なので自社ネットショップを開設したら必ず押さえておきたい。

4　リスティング広告

ヤフー、グーグルなどの検索エンジンに表示されるタイプの広告。検索文字列に連動するタイプ、ユーザーの興味・嗜好に基づいて表示されるタイプなどがある。1クリックにつき何円支払うかを設定し、金額が多いほど上位に表示される。短期間で多くのアクセスが望める。

第6章　田中くん、トラブルを起こす！

ビジネスの大きな落とし穴！

小型扇風機の予約件数は日に日に増えていった。まだまだ売れる。こんなに早いタイミングでお化け商品に出会うなんて！　と田中くんは思った。

順調すぎて恐いという気持ちがないと言えばウソになる。心細くなったときは、陳とのメールのやりとりを思い出し、「僕には陳さんがいてくれるから大丈夫」と自分に言い聞かせた。

初回の500台は、ほぼ家の中から姿を消した。母親には、次も来るとだけ伝えてある。「いまのうちに掃除しとかないと」と掃除機をかけ、商品を積みやすいように部屋の中を片付けているようだ。

田中くんはルナにメールを書いた。

スカーフの件を会って謝りたいと。そして、いま大きなビジネスに乗り出していて、いい報告ができそうだと書き加えた。

2、3時間後にルナから返事のメールが来た。

「こちらこそ、子どもみたいにすねちゃってごめんなさい。山田社長も会いたがってますよ。近いうちに遊びにきてください」

と書かれていた。

山田社長も、きっとぼくの成長を喜んでくれるだろう。

そうだ、2人をどこかレストランに招待しよう。ずっとお世話になってばかりだったんだから。なにかプレゼントも用意しなくちゃ。

「田中！　ちょっと！」

いい気分になったところで課長に呼ばれ、田中くんは現実に引き戻された。

課長のデスクの前に立つと、

「おまえ、この報告書はどういうつもりだよ！」

と突然怒鳴られ、目の前にバンと書類を叩き付けられた。

「あ……」

それは、先週営業に出かけた先でもらった契約の報告書だった。自分なりに頑張っているつもりだったが、家に帰ってからも夜ふかしして発送業務をこなし、ほとほと疲れてしまっていた。ちゃんと書いたはずの報告書だったが、

「字がぐちゃぐちゃで、何を書いてあるか読めないだろ？　しかも、発注金額の桁を間違えてるじゃないか！　俺が気づいたからよかったけど、このままの金額で契約してみろ、うちは大損するだけじゃすまないぞ！」

「すみません。眠かったもんで……」

「なんだと！　もう1回言ってみろ」

課長は立ち上がり、いまにも田中くんにつかみかかりそうな勢いだった。まわりの社員がなだめてくれて難を逃れたが、席に戻る田中くんに、

「お前なんか、辞めても全然困らないんだからな」

と怒鳴った。

田中くんは、腹が立ってきた。もちろんミスした自分が悪いのはわかっている。だからといってほかの社員の前であんなふうに怒鳴らなくても。ルナのメールで気分よ

く仕事をしてたのに、課長のせいで台無しだ。

「営業行ってきます」

田中くんが出ようとすると、課長は

「ああ、もう帰ってくるな！」

と言った。

なんとなく刺々しい気分だが、いつまでも考えていても仕方ない。

田中くんは気持ちを切り替えるために、移動しながらスマホで2人を招待するレストランを探し始めた。

山田社長、中華はよく食べているだろうからな、いっそのこと和食？　いや、ルナちゃんは洋食のほうがきっと好みだろう。イタリアンかフレンチがいいか。

スマホで検索をしていると、1通のメールが来た。パソコンのアドレスを転送しているので、スマホでいつでもチェックできる。

それは、小型扇風機を買ってくれたお客様からの質問だった。

「今日、扇風機が届きました。小ぶりですごくかわいい。ただ、**PSEマークがありませんね。安全性は確保されてるんですよね？**」

PSEってなんだ？

スマホで調べてみると、経済産業省が定めている電気製品の安全基準のようだ。**表示がないと販売できない**とあるが、田中くんは、それほど大きな問題とは思わなかった。

なぜなら、信頼する陳さんが手配してくれた商品だからだ。彼が自分に問題のあるような商品を売るはずがないと思ったのだ。

「とはいえ、お客様に心配をかけるのはよくないからな。理由をきちんと説明して、納得してもらおう。まず、陳さんに事情を聞いておかないと」

田中くんは、お客様から問い合わせがあったことをメールに書き、陳に送った。

それから2日、陳に問い合わせたメールの返事はまだ帰って来ない。仮に中国で確認作業をしてくれているにしても、返事くらいくれてもいいじゃないかと田中くんは思った。

「陳さん、どうしたんだろう。もしかして具合でも悪いんじゃないのかな」

心配になってゆうべもメールをしてみたが、やはり返事は帰ってこなかった。

あとで彼に電話してみよう。

お客様への返事をあんまり待たせるわけにもいかないし。

と考えていたとき、静かな社内に田中くんのスマホの着信音が響いた。

まったく見たことのない電話番号だ。もしかして、お客様ということもある。田中くんは営業の部屋を出て、電話を受けた。

「はい。田中です」

「**消費者センター**の者ですが、あなたの販売している小型扇風機についてお聞きしたいことがあります」

「はぁ、どんなことでしょうか?」

「田中さん、商品にPSEマークがついていないことはご存じですよね? **消費者か**

らクレームが来ています」

田中くんは青ざめた。

このとき初めて、ＰＳＥマークがないとまずいことになりそうだ思った。

「あのＰＳＥマークってそんなに重要なんですか？」と聞くと、

電話口の係官はあきれたように言った。

「あなた、ＰＳＥマークのことをよくわからずに電化製品を販売してるの？　ＪＩＳマークと同じように、**電化製品の安全性を保障するマーク**ですよ。もし、これが**ついていない商品を販売して事故が起こった場合、大変なことになりますよ**」

係官は、「扇風機のモーター部分から煙が出たそうだ」というクレームが来ていると言った。

「もし、このまま使い続けていたら、**火事**などの大きな被害が発生する恐れがあります。**商品を直ちに回収してください**」

電話を切ったあと、田中くんはしばらく放心状態だった。お化け商品だと思っていた扇風機が、実は欠陥品で、すべての商品を回収しなければいけなくなったのだ。

目の前が真っ暗になった。

「どうしよう……」

田中くんはすぐに陳の携帯電話にかけた。留守電にメッセージを残したが、陳から折り返しかかってくることはなかった。

その日はずっとスマホとにらめっこしていたが、陳からの返事はなかった。携帯電話に何度も電話したが、そのうち電源も切られてしまった。

考えてみると、彼との連絡手段はこれしかない。事務所の場所も知らないし、彼がどこに住んでいるのかもまったくわからないのだ。

結局、田中くんは一睡もせず、そのまま朝を迎えた。

会社に行く気にもなれなかった。

母親は、事情を知らずに「そろそろ次の荷が届くわね」と張り切っていた。

大勝負はリスクも大きい

田中くんの頭の中はぐちゃぐちゃだった。

商品に欠陥が見つかったこともショックだが、陳に裏切られたことは彼をさらに傷つけた。誰にも相談できない。これからどうしたらいいのか。

「いっちゃん。会社に行く時間じゃないの？」

と、ベッドから起き上がってこない息子に母親がたずねた。

「今日は休むよ。具合が悪いんだ」

「そう。風邪かしらね」

田中くんはため息をついた。

しかし、こんなふうにベッドで寝ていても事態は何も改善しない。時間が経てば経つほど事態は悪化すると思った。逃げられるものなら逃げたいが、逃げられる場所も、お金も彼にはなかった。

とにかく、買ってくれたお客さんに連絡をし、商品を回収しなくちゃ。もちろん、料金は返金だ。

幸い2回目に発注した商品はまだ届いていない。すでに料金を振り込んでくれたお客様はいるが、それはそっくりそのまま返却すればいい。問題は、初回に売り切った500台の回収だ。

発送にもあれだけの手間がかかったのだ。回収にはもっと手間がかかるだろう、しかもお金もかかる。

初回の売上、250万円のうち90万円は、2回目の手付けとしてすでに陳に支払っている。しかも、500台を回収する料金はこちらの負担になるため、1つ1000円として、50万円必要だ。

田中くんは、**使ってしまった90万円と送料の50万円を自分で捻出しなければならなかった**。

幸い2回目の買い付けで使おうと思っていた貯金は、まだ手元にあった。商品が到着していないので残額の振込をしていなかったからだ。

貯金と手持ちのお金を合わせると、60万円はなんとかなる。しかし、あと80万円は不足だ。

どうしたら、これだけのお金を工面できるだろうか。ベッドから立ち上がり、部屋の中をうろうろしながら考えていると、母親がおかゆを持って入ってきた。

「あら、いっちゃん、具合が悪いんじゃないの？」

「あ、いや……」

「なにか困ったことでもあるの？」

「うん、まぁ」

母親は、は～と息を吐いて、

「この扇風機がらみなんじゃないの？」

と言った。

「なんでわかったの？」

「わかるわよ。親子だもの」

田中くんは、ここまでのことを母親に話した。聞いてもらったおかげで少し気持ちが軽くなった気がした。

「で、どうするの？　足りないお金」

「貯金と手持ちのお金で60万くらいはなんとかなる。残りの80万をどうしたらいいか悩んでるんだ」

「ふ〜ん」

母親は素っ気ない返事を残して、部屋を出て行ってしまった。親子とはいえ、さすがにあきれられてしまったかと、田中くんは悲しくなった。

普段からそれほど会話が多い親子ではなかったが、扇風機のおかげで会話する機会も増えた。母親もそれなりに楽しんでいるように見えていただけに、大きく裏切ったような気持ちになった。


「はぁ、あと80万。どうしようかな、来月ボーナスを貰えるはずだけど、多分ひと月分くらいだもんなぁ……」


すると、「いっちゃん、ちょっと入るわよ」と、母親が部屋に戻ってきた。

そして黙って、通帳とハンコを差し出した。

通帳の名義は「田中一郎」とある。

「いっちゃんが、結婚するときにプレゼントしようと思って積み立ててたのよ。結婚はまだ当分なさそうだもんね。必要なことに使ったほうがいいわ」

額面を見ると、**100万円**近く貯まっていた。

「私が積み立てた分と、いっちゃんが社会人になってから、うちに入れてくれた生活費を積み立てた分。これを使いなさい」

田中くんは、その場にがくりと崩れた。

「母さん、ありがとう。せっかく貯めてくれたのに、ごめんね」

田中くんはうつむいたまま礼を言った。顔を上げて、くしゃくしゃの泣き顔を見せるのが恥ずかしかった。

「結構楽しかったわよ。梱包作業もね」

母親はカラカラ笑いながら部屋を出ていった。

田中くんは、大きく深呼吸をした。

これでお金の工面はなんとかなりそうだ。しかし、回収については、あまりにわからないことが多い。といって、一から勉強している時間はない。時間が経つほど事態の収拾は大変になる。

田中くんは洋服を着替え、母親に出かけてくると告げた。

「はいはい。頑張ってきなさい」


田中くんの足はセカンドドアに向かっていた。


「あれ、久しぶりじゃないか。元気だったかい？」

山田社長は、いつものおっとりとした口調で歓迎した。しかし、田中くんのやつれた顔を見て只事じゃないとすぐに気づいたようだ。

「なにか、あったんだね？」

その声に、ルナが心配そうに駆け寄ってきた。

田中くんは、２人を前に、これまでのことを話した。

２人にいい格好を見せようと思って黙っていたこと。扇風機が恐いくらいに売れて、気持ちが浮かれ、事態を軽く見てしまったこと。

鼻がツンとして、胸に熱いものが込み上げてきたが、とにかく、一通り報告をし、一刻も早く回収しなくてはいけないので**力を貸してほしいと頼んだ。**

普段は、柔和な山田社長の顔が、今日は厳しいものになっていた。

「話はわかった。これからのことは、あとで相談するとして、とにかくお客様第一だ。早く回収の連絡をするべきだね。田中くん、お客様リストは持ってるね？」

「はい、ノートパソコンごと持ってきました」

「よし、ルナちゃん手伝ってあげて。メールの送信だけでも大変だからね」

「本当にすみません。僕1人でなんとかしようと思ったけど、どうにもできなくて」

涙をこらえながら、田中くんは2人に謝った。

「落ち込んでる暇なんてないぞ！　ちょっと、みんな手伝ってよ」

山田社長が言うと、ほかの社員も集まってきた。状況をまわりに説明し、連絡のあとの回収、返金の作業などの担当を割り振り、「しっかりやってね」と言った。

セカンドドアの社員たちの動きは迅速だった。販売してからそれほど間がなかったこともあるが、大きな問題が起こることもなく、1週間ほどで事態はあらかた片付いた。

何人か怒鳴って電話をしてくるお客様もあったが、言われてもしかたのないものを売ったのだ。田中くんは電話口で何度も頭を下げて謝った。

それから数日後、最後の商品の返却も終わり、田中くんは改めてセカンドドアにお礼に行った。

「終わったのね」

とルナが言った。

「うん、ありがとう。みんなのおかげでケガ人も出さずに回収できたよ。本当になんてお礼を言ったらいいか」

田中くんがルナに返事をしていると、

「おや、キミ、なかなか殊勝なことを言うじゃないか」

と山田社長が現れた。すでに以前のモードに戻っている。

「いえ、社長。今回のことは感謝しても感謝してもし足りないです。僕になにかできることがあったら言ってください。**なんでもします**」

「そうかい？　じゃあ、こうしないかい？　**キミ、僕の会社を手伝ってよ。**ルナちゃんが就活でだんだん忙しくなってきてね、これまでのように来てもらえなくなるんだよ。新しいネットショップの店長になってくれない？　少しバイト料も払うから」

田中くんの目から大粒の涙が出た。こんなに迷惑をかけた僕を信用してネットショップを任せてくれるなんて。出入り禁止になっても不思議じゃないくらいなのに。

「ありがとうございます！　**社長、僕、もう一度、基礎から勉強します！**」

「うん、そうだね。**人を見る目も養ったほうがいいね**」

社長の言葉にセカンドドアの社員みんなが笑った。田中くんは、温かい気持ちに包まれた。


「田中さん、ネットショップよろしくね」

ルナが横に来て言った。

「私、毎日は来られないけど、時間を作って見にくるから」

「わかった。ルナちゃんが築いてきたものは、僕が守るよ」

ルナはフフフと微笑んだ。

「私へのお礼は、ネットショップのお世話でいいわ。でも、もう一つもらえるなら
……」

「もう一つ？　何がいいんだい？」

「スカーフ。今度は、誰ともお揃いじゃないものにしてね」

「うん」

いつかまた、イーウーに行こう。

そして、ルナちゃんのためだけにスカーフを買おうと田中くんは思った。

CHECK POINT

知っておきたい、商品にまつわるルール

田中くんは、日本で販売する電気製品に安全基準があることを知らなかった。もし彼がこのことを事前に知っていたなら、今回のようなトラブルに巻き込まれることはなかっただろう。輸入ビジネスを始める前に、自分の扱う製品にはどのようなルールがあるのかをきちんと確認しておくことはとても重要だ。

●電気製品

電気用品安全法（PSE法）では、電気用品の安全基準が定められている。輸入して国内販売するためには、輸入者がこの規制に合致させることが必要だ。まず定められた規格に適合している商品であることを工場・問屋に確認してから仕入れること。適合していない製品は、日本への輸入はできても販売行為は違法だ。国内への初回輸入時には国に登録された検査機関で適合性検査を受け、「適合性検査証明書」の交付を受ける必要がある。

解説

●化粧品・医薬部外品

基礎化粧品、入浴剤、石けんからネイル用品まで、肌に触れるものは幅広く規制されている。輸入許可を得るためには「化粧品製造販売業許可」ならびに「化粧品製造業許可」が必要で、医師・薬剤師等の在籍が必須条件。敷居が高いが、これらも輸入許可を含めて輸入代行を請け負う業者がいるので、製品が日本の安全基準を満たしていればそれほど費用はかからず輸入が可能だ。

●食品関連

食品衛生法は、食品に限らず、食器や容器など食品に触れるものすべてを対象としている。日本の安全基準を満たしていれば、届出後に食品衛生監視員が検査して問題なければ輸入できる。費用は数万円程度で済み、一度受ければ出荷元・製品が同じであれば繰り返し輸入できる。

●毛皮、革製品

動物を材料とした素材の場合、絶滅のおそれのある野生動植物の種の国際取引に関する条約（通称「ワシントン条約」）で規制されている場合がある。わが国の税関で差し止められるものの多くは漢方薬（熊・トラ成分など）だ。ワニ革バッグやニシキヘビ革靴等も人気の高い商品で仕入れもできるが、輸入する際にはワシントン条約に基づく輸出許可書が必要となるので注意が必要。

●衣料品

家庭用品品質表示法では、家庭用に供する繊維製品に関して同法に基づく繊維製品品質表示規程に従い、繊維の組成、家庭洗濯等取扱方法、表示者名および住所または電話番号等を必ず表示することを定めている。また、部分的に革または合成皮革を使用した衣料の場合は、雑貨工業品品質表示規程も準用して皮革の種類を表示する必要がある。

●ブランド品、キャラクター商品

ドラえもんやハローキティなどの著名なキャラクターやグッチ、ソニーなどのブランド。有名無名にかかわらず、これらは全て著作権法や商標法で保護されている。他人の権利を侵害する商品を輸入販売し、逮捕される経営者は後を絶たない。安易な気

解説

持ちで手を出さないようにしよう。

その他にも、日本には消費者の安全・安心のために様々な品目で規制・ルールが設けられている。日本人向けの代行業者であればこれらにも熟知しているので、事前に確認をしておこう。

第7章 田中くん、山田社長に弟子入りする

商売の基本を見直す

小型扇風機の回収が終わるまで、田中くんは生きた心地がしなかった。

それが無事に終わり、これからも山田社長やルナと付き合える。いや、今回のことを通して、セカンドドアの社員全員と一つになれた気がした。すべてが終わり、田中くんは、久しぶりに晴れやかな顔で会社に出社した。

もちろん会社を休んだのは、途方にくれた最初の1日だけだ。あとは気力で毎日通った。会社を休んでまでセカンドドアで回収作業をすることを山田社長は良しとしなかったのだ。

「キミ、せっかく会社で仕事するなら、一生懸命働かないとね。回収作業は手伝えるけど、キミの本業は手伝えないよ」と言われた。

輸入ビジネスも、コピー販売の仕事も、どこか他人に対する甘えがあったと田中くんは心底反省した。

考えてみれば、この前課長が怒鳴ったのも当たり前だ。ミスしたことを棚に上げて、腹を立てていた自分が恥ずかしくなった。相変わらず課長とはウマがあわないが、それでも本気で怒ってくれた課長には感謝しなくちゃいけないと思った。

「課長、この間はどうもすみませんでした」

「ん？　いや、私もちょっと熱くなりすぎた」

「いえ、悪いのは僕のほうです。これからはしっかりやります」

「あぁ。ところで、お前、具合はいいのか？　ここんとこずっと顔色が悪かったな」

「はい。ご心配おかけしました。もう大丈夫です」

「そうか。いや、別にお前を心配したわけじゃないぞ。会社の営業に支障があってはいかんと思ってだな」


課長が自分の身体を気遣ってくれたのがうれしかった。ニコニコしながら話を聞いている田中くんに、

「もういいよ。席に戻って仕事しろ！　契約を取れ！」

課長はいつもの口調で言った。


今回のことで、会社を辞めなくてよかったと田中くんは思った。騙され、裏切られたことで少し大人になった気がする。課長のように売上重視で躍起になる人もいるが、

それも一つの生き方だ。自分の信じる道にまっすぐな人なのだ。

自分もこれから進むべき道を考えていかなければいけない。山田社長がせっかく与えてくれたチャンスなのだ。しっかり考えなくちゃと田中くんは思った。


まず、コピー機販売の仕事も、輸入ビジネスも基礎から見直してみることにした。

まず、思いついたのが自分の商品の良さを書き出してみることだった。

ヤフオクで商品を販売するときに、お客さんに伝えたいことを考えて書き出した。

それと同じことをコピー機でもやってみることにした。

「書き出してみると、うちの商品にもいいところがいっぱいあるじゃないか。なんでこのことをお客様に伝えなかったんだろう」

田中くんは、ピックアップした機械の長所を、一つひとつお客様に伝えるように心がけるようになった。すると、話を聞いてくれる相手の反応がいままでよりもよくなったように感じた。

商売の基本はどちらも一緒なのだ。伝えたいことを、きちんと伝わるように表現することが大事だと思った。

信頼できる人から購入する

会社を定時で退社して、田中くんはセカンドドアに向かった。

明日から山田社長はまた海外だという。ネットショップの仕事もあるし、社長の顔も見たいし、今日行って作業しようと思ったのだ。

ネットショップの運営は、徐々にルナから引き継いでいる。彼女からは、何か新しく目玉商品になるものが欲しいと言われていた。もちろん仕入れを決めるのは山田社長だが、いいものがあれば採用してもらえるのだという。ルナに代わりそれを探すのが今日のメイン作業だ。

会社に着くと、誰もいなかった。

まったく不用心な会社だな、と田中くんはくすりと笑った。最初にルナと出会ったときも、同じことを思ったよな。あれからまだ1年も経っていないのに、もっと昔から知り合っている気がする。

そして、当時と今が違うのは、田中くんもセカンドドアのスタッフの1人ということだ。誰もいないからといって、遠慮して帰る必要はない。

田中くんは自分のデスクに座り、パソコンでネットショップの画面を開いた。

ルナが下敷きになったリュックサックは、販売を終えたようだ。


「一体、どんなジャンルの商品がいいんだろうな」


あれこれ思いつくままに商品を検索してみたが、なかなか思うように絞り込めない。

そんな時、ふっと今朝の母親の言葉を思い出した。

「いっちゃんのバッグ、片手で開けられたらもっと売れるんじゃないかしら」

母親はイーウーで買い付けた仕入れ値30元のトートバッグを愛用してくれている。

最初こそ「これが2000円だなんて、いいものが安く買える世の中になったのねぇ」と喜んでいたが、使っているうちに粗が見えてくるようになったらしい。


たしかにあのトートバッグはファスナーが固く、開閉する際には片方の手でファスナーの端を掴みながらもう片方の手でスライダーを動かす必要がある。買い付けの時にはデザインばかり気になってしまい、ファスナーにまで気が回らなかった。アマゾンの自分の販売ページを見てみると、商品レビューに「★2点」を見つけた。満点が★5点なので、平均点は★4点と高いものの、少なからず不満に思ったお客様がいたということだ。

アリババのサイトでトートバッグを検索してみると、出展社名に「義烏（イーウー）市〇〇有限公司」が目立った。中国では会社名の前に地域名を付ける。イーウーの会社が多いということだろう。

田中くんは陳のことを思い出した。彼はきっと今でも輸入代行をしているはずだ。日本人の顧客もいるだろう。すべてがトラブルになるわけではないだろうが、田中くんと同じようにスマホを抱えて朝を迎えた人もいたのかもしれない。

もちろん、陳以外の代行業者にもいろんな人がいるはずだ。いい人もいるだろうが、残念ながら、悪い人もいるに違いない。いったいどうやって選んだらトラブルに巻き込まれなくてすむのだろうな。

じっとパソコン画面を見入っていると、「やってるね」と後ろから声をかけられた。声の主は、思ったとおり山田社長だった。

「どこに行ってたんです？　鍵、開いたままでしたよ」

田中くんの問いに、社長は「これこれ」と袋を差し出した。

「あ、牛丼じゃないですか」

「そう、キミがお腹をすかしてくると思ってさ」

「社長……」

「というのは建前で、ホントは僕のお腹がすいちゃったの。温かいうちに食べようよ」


2人は向かい合ってテーブルにつき、牛丼を食べながら話をした。


「さっき、何を見てたんだい？」

「あ、ルナちゃんから、なにか新しい目玉商品が必要だと言われて。イーウーで買い付けしたトートバッグはどうかなと見始めたところです。そしたら、輸入代行の会社に目が行ってしまって」

「いろいろあったでしょ」

「ええ、でもどこがいいのか、サイトを見ているだけではわからないものですね」

「キミも今回は大変な思いをしたもんね。お客様にケガ人が出なくて本当によかった。これからは気をつけないとね」

「本当にそうですね。でも、業者の見極めは難しいですね。僕、陳さんのこと、本当にいい人だと思っていたのに」

「いや、彼も最初から騙そうと思ってたわけじゃないだろうね。もしかしたら、今も騙した意識はないかもしれないよ」

「そんな！　だって急に連絡が取れなくなるなんてひどいですよ」

「**商習慣の違い**もあるんだよ。彼らは将来に儲けの可能性があるときは力を貸してくれるけど、可能性がなくなると利益をとって離れようとする。日本のようにビジネスと義理人情がくっついているわけじゃないんだ」

田中くんは、返事も反論もできずにいた。

山田社長はちらっと田中くんを見て、さらに話を続けた。

「僕も嫌な経験をしたことがあるよ」

「え？　社長もですか？」

「僕の場合は女性だったけど……」

山田社長は、以前自分が巻き込まれたトラブルを語り始めた。

「まだ中国に現地法人を設立する前のことだよ。当初は僕も代行会社に頼まなければイーウーでの仕入れができなかったんだ。それで一度福田市場に買い付けに行ったときに代行会社で通訳をしていた女性と仲良くなってね。2回目からの仕入れは彼女に任せて、僕は日本からメールで彼女に発注していたんだ」

「もしかして、すごい美人だったんですか？　外見だけで騙されちゃったとか」

「いや、どちらかといえば性格美人だった。ただ、とても一生懸命でね。そんなにがんばってくれるなら、と思ってお願いしたんだよ」

「でも、最初は一緒に買い付けに行ったわけだから、商品は社長も確認されているんですよね？　だったら僕みたいに欠陥商品を扱ったわけじゃないですよね」

「商品は問題なかったよ。問題は**商品代金**のほう」

「すごく高かったとか？」

「そうだね。実際よりもかなり高い値段で僕に見積りを送ってきていた。もちろん代行手数料も商品代金に対してかなりいい割合で払っていた。彼女は**利益を中抜きし、**

代行手数料も上積みして受け取ってたわけ。なんとなく途中から金額に違和感を感じてはいたんだけど、売れる商品だったからね。そのまま放置しちゃっていたんだ」

「どうして彼女が中抜きしていることがわかったんです？」

「商品を製造している工場と彼女がケンカしたらしくてね、工場が直接僕に連絡してきたんだ。そこで工場の人が話す商品単価と彼女の見積りがかけ離れていることが明るみに出たんだよ。倍くらいの値段になっていた」

「そんな。ひどいな」

「まぁ、責める気にもならないけど。その件がバレたら、彼女も音信不通になったよ」

「安く仕入れた金額を高く言うような代行業者もあるんですね」

「あるね。１００円の商品の仕入れを依頼したら、実際は先方と交渉して90円で仕入れられた。でも、そのことはこちらに教えず、黙って差額を懐に入れていたという業者もいたし、書面上は１００円だけど、実際は工場からキックバックを貰っていたという業者もいた」

「いろんな手口があるんですね」

「それが双方合意の上の金額ならまだましだね。中には商談が成立して手付け金を支払ってから、**『原材料が値上がりしたので、値上がり分を送金してほしい』**という業者もいたよ。キャンセルすると、先に支払った手付けは戻ってこない。**後戻りできない状況に置いてから値上げ**してくるんだ」

さらに、「こんなこともあった」と山田社長は話を続けた。

「商品が**中国の税関で止まっちゃった**と連絡を受けてね。僕の仕入れたものがコピー商品の可能性があると言うんだ。それで商品の到着が1カ月半くらい遅れるというんだ」

「でも、そんなに先になってしまうんじゃ、売るタイミングを逃しかねないですね」

「そうなんだよ。でも、話には続きがあってね。代行業者は、『あと2万元用意してくれれば、今日通してくれるように説得する』と言うんだよ」

「2万元といえば、日本円で30万円くらいですね」

「仕入れた金額も大きかったからね」

「でも、それが通関に必要なお金かどうか、本当のところはわからないですよね。で、どうしたんです?」

「仕方ないからすぐに振り込んだよ。そうしたら商品は無事に届いた。でも、そのお金は今でもどこに使われたのかはっきりしないんだ」

田中くんはため息をついた。代行業者にもいろいろな人がいる。へたに信用すれば騙されてしまう。かといって、信用できないからと取引をしなければ輸入もできない。

「個人で輸入する人はどうすればいいんでしょうね」

「できるだけリスクの少ない代行業者を選ぶしかないね。きちんとした代行業者は確かにいる。でも、信用できないところが多いのも、残念ながら事実だね。だから僕はどうしても自分のところで代行業務をやりたかったんだ。そのために中国に現地法人を立ち上げたんだよ」

「いい業者かどうかを見分ける目安みたいなものはないんですか?」

「そうだな。まず、身元がはっきりしない人はあやしいね。**きちんと会社に所属して、いつでも所在のわかる人であること**。それから、問い合わせや見積り依頼のメールにレスポンスが遅いところは一事が万事、対応が遅れる可能性があるね。

もう一つ、**日本の法人のほうが安全度は高い**と思うよ。僕自身、いままで日本の代行会社に依頼して利益を中抜きされるようなトラブルは経験したことがないよ。信頼度ではやはり日本企業が勝っているね。僕の会社が代行会社として後発でも依頼してもらえるのは、日本の会社だからだよ。ほかの会社がちゃんと仕事をしてきたおかげで、僕の会社も信頼してもらえるんだよね」

山田社長は、「話が長くなっちゃったね」と言って、食べ終わった牛丼の容器を持って立ち上がった。田中くんが、僕が、と片付けようとすると、

「いいよ、僕がやるから。キミは仕事をしてよ。で、トートバッグって言ったっけ?」

「ええ、なんとなくですけど、前にイーウーで買い付けしたトートバッグの商品ページを見ていたら、お客様からの商品レビューで気になる点がいくつもあって。不満点を解消したら、もっと売れるんじゃないかと思ったんです」

「それはいいね。**お客様からのレビューを活かす**のは商品開発の基本だからね。それと、楽天やアマゾンで売れ筋ランキング上位の商品には共通項があるかもしれないよ」

「流行とかですか?」

「それもあるけど、人気商品でも低い評価は必ずあるからね。解消した商品を作れば、きっと売れるよ。期待しているからね」

そう言い残して、先に会社を出て行った。

田中くんは1人残ってインターネットで調査を続けた。

山田社長の言う通りだった。人気商品には収納ポケットが充実していたり、ファスナーがスムーズに滑るなど、良い点がたくさんある一方で、「ショルダーバッグとしても使える2WAY仕様だったら良いのに」「マチをもっと広げてほしい」といった要望も多く見られた。田中くんは楽天市場、アマゾンの売れ筋ランキング上位100商品のレビューを根気よく調べ良いポイント、改善ポイントをエクセルにまとめていった。

ふと時計を見るともう夜11時だ。明日もまた作業をしようと決め、終電ギリギリで帰路についた。

商品レビューは宝の山!

田中くんは、毎日のように山田社長のオフィスに立ち寄った。ほかの社員が残って作業をしていることもあれば、全員帰ってしまっていることもある。

店長の仕事は仕入れ商品を見付けるだけではない。実際に仕入れた商品の在庫管理や、梱包・発送の準備などもある。会社に着くと、黙々と作業にとりかかる。作業が終わったらパソコンの前で新たな商品探しだ。

「こんにちは！　田中さん、がんばってます？」

入口で明るい女の子の声がする。それはまぎれもなくルナの声だ。

田中くんは、駈け出して迎えに行きたかったが、恥ずかしくてできないので、

「やあ、ここにいるよ」

と大きな声で叫んだ。

ルナは部屋の中につかつかと入ってきた。

今日は海外商社に就職した先輩の話を聞いてきたのだという。紺色のリクルートスーツに身を包んだルナは、いつもとは別人のように見えた。

「ネットショップはどう？　売れてるかしら？」

「うん。とくに大きな問題は起きてないかな。反対に大きな発見もないんだけど。ずっと新しい目玉商品を探しているんだけど、なかなか見つからないんだ。ごめん」

ルナはううん、と首を左右に振りながら、

「そんなにすぐに見つかっちゃったら、私がサボってたと思われちゃう。ゆっくり探

して」

と言った。そしてジャケットを脱いで、ブラウスの袖をまくり上げながら、「発送、手伝うわ」と言った。

「いいよ。今日の分はもう終わってるんだ」

「そう。じゃあ、何を手伝えばいい？」

「一緒に目玉商品を考えようよ」


田中くんは、昨日に引き続きまとめていたエクセルをプリントアウトしてルナに見せた。１００種類以上の商品を見ていたが、良い点、改善要望点をまとめるとそれぞれＡ４用紙１枚に収まった。

「すごいじゃない。よくここまで調べたね」

「この意見を基に、前にイーウーで買ったトートバッグを改良したらどうかなと思ったんだ」

ルナは「ふむふむ」と言いながら、感心した様子で田中くんが作成した資料に目を通した。

「こうやってまとめると、ファスナーの品質への不満が目立つのね」

「やっぱりファスナーは大切なポイント？」

「そりゃそうよ。1日何度も開けたり閉めたりするから、スムーズじゃないと超ストレスだもん。ほら、こっちのバッグはＹＫＫ製のファスナーを使っていて、すごく高い評価が入ってるし」

傾向として、高品質な商品は高評価レビューが多く、値下げせずに売れているようだった。

「収納力もポイントかな。スマホのサイズが年々大きくなっているから、外側にきちんとスマホが収まるファスナー付きの小さなポケットがあると助かるんだ」

「そっか、女性はバッグに入れる人が多いもんね」

ネットショップでのレビューにばかり気が向いていたが、ルナちゃんと話していると、自分では思いつかないようなアイデアがどんどん湧いてくる。

何だか、すごく売れる商品が作れる気がしてきたぞ！

「社長はよくお客様からの意見は宝物だって話すんだけど、本当にその通りね。さすが店長！」

レビューや他社商品を分析したのも山田社長のアドバイスだったのだが、田中くんはすっかり忘れてルナの前でニヤけてしまった。

その日は会社最寄りの駅まで一緒に帰った。ルナのアイデアは尽きることなく、結局乗ったのは終電だった。自分たちのアイデアで、新しい商品を作る——なんだかワクワクしてきて、その日はなかなか寝付けなかった。

次の日、いつものようにコピー機の営業を終えてセカンドドアに着くと、宅配便が2つ届いていた。売れ筋ランキング上位のなかでも高評価のレビューが集まっている商品を、2つ**サンプル**として買ったのだ。どちらも3000~4000円の販売価格。一見すると田中くんが仕入れたトートバッグに似ているが、細部の作りは格段に良く、申し分のない品だった。聞いたことは無かったが、バッグの内側にはブランドロゴが型押しされていて高級感がある。

「敵を知り己を知れば100戦危うからず、か。キミ、いい発想だね」

ふと顔を上げると、隣のデスクに山田社長が座っていた。集中していて全く気づかなかった。

「キミが手にした商品は、これから戦いを挑むライバルだ。しっかり研究すれば、それを超えるトートバッグができるよ」

山田社長は、缶コーヒーを口にして、続けた。

「そうだ。キミ、今度の3連休、イーウーに行くと良いよ。旅費は僕が出すからさ」

イーウーという単語を聞いて、ふと、前回イーウーで出会った陳を思い出してしまった。

「トートバッグの改良版を作るんだろ。それなら、**現地で工場と直に商談したほうがいい**よ。現地社員に任せたり、ネットでのやり取りもできるけどさ、細かいニュアンスを伝えるのは現地で現物を見ながらやったほうが早いし、間違いがないんだ。僕もオリジナル商品を作るときは、必ず現地に行くんだよ」

こんなに成功している山田社長が、今でもわざわざ現地まで行って商談しているのか。現地社員に交渉を丸投げしようと考えていた自分が恥ずかしくなった。

「ちょうど、向こうに持っていってもらいたいものもあるしさ。頼むよ」

幸いなことに今月は3連休もある。会社を休まなくても行けるので、もちろん快諾した。

300個からオリジナル商品は作れる！

上海の空港からイーウーまでは、高速バスも運行されている。前回は現地法人社員の車に乗せてもらったが、自分だけのために来てもらうのは申し訳ない。山田社長に聞いて他の交通手段を教えてもらったところ「僕も昔はね」と言って教えてくれた。上海の玄関口、浦東国際空港からは高速バスが出ていて、イーウーとの間を4時間で結んでいる。48人乗りのバスは満席で、ヨーロッパ系、中東系、アフリカ系、南米系など、このバスの乗客は外国人ばかりだ。イーウーには、世界各地からバイヤーが集まっていることを改めて実感した。

スーツケースには、持参したサンプルが詰まっている。前に買い付けたトートバッグをベースに、アマゾンと楽天でランキング上位だった商品の良いところをプラスした商品を作るのだ。

翌日、朝9時に現地社員の周さんと待ち合わせ、福田市場2区に足を踏み入れた。ここには、バッグや財布類を扱う数千のブースが整然と並んでいる。歩きながら、イメージに近いトートバッグを扱っているブースを探す。

ブースにはサンプル商品が所狭しと吊ってある。品質の良さそうなブースを見つけると、周さんは持参したサンプルを見せながら
「この商品、作れる?」

と聞いていく。時折、ランキング上位の他社商品を見せながら、さらにカスタマイズする内容を伝えていた。

「うちはできないよ」

「うちじゃ、そんな高品質なものは作れないよ」

そんなやり取りが10回、20回続いても、周さんはへこたれる様子を見せなかった。その甲斐あってか、正午を回る頃には1社が「作れそうだ」と回答してくれた。

その回答にホッとしたのか、急にお腹が空いてきたので市場の中華料理屋でランチにした。焼きそばを頬張りながら、周さんにこの後の流れを聞いた。

「さっき、いろいろ商談していたみたいだけど、どんなこと話していたの?」

「そうですね、その時通訳しなくてすみません。**『大体の見積』**と**『サンプル費用』『納**

期』を確認していました」

「大体の見積もりって？」

「今回は既成品ではなくて、新しい商品を作ります。だから、材料の布はいくら使うか、ファスナーやボタンなどの部品は何個使って材料費が何元かかるか。正確な費用はサンプルを作らないと分からないんですけど、これまでの経験から大体の費用を教えてもらうんです」

「サンプルを作るの？」

「そうです。最初にサンプル代だけ支払って、田中さんの仕様書通りのものを作ってもらいます。それで品質と価格が問題なければ本注文しますし、品質が不合格なら作りなおします。もし価格が高ければ別の会社に頼みます」

たしかに、サンプルを作った後で予想以上に高かったら困る。

「さっきのブースのオーナーさんは、概ね40元以下と話していました。そしてサンプル費用は200元で、サンプルは5日間で作ります」

サンプル費用は本注文するときには返金されるが、本注文に至らない時には返金されないということも説明してくれた。

「良かったですね、田中さん。1社見つかって。この調子なら3社くらい見つけられそうですね」

お腹いっぱいになったところで「さぁ、行きましょうか」と、周さんに引っ張られるようにしてブース巡りを再開した。１社見つければ十分かと思ったが、数社を比較して決めるのが大切だという。

夕方4時を過ぎ、福田市場内の足音も少なくなってきた。候補も5社見つけることができたので、本注文も300個で引き受けるという会社と、ロット数は1000個だが日本企業によく卸しているという会社の2社にサンプルを依頼した。

イーウーに来れば、その場で品質を確認できて、その日のうちにサンプル注文までできる。来てよかったな、と田中くんは思った。

一旦ホテルに戻って山田社長から預かってきた荷物を持ち、周さんと一緒に会社に向かう。タクシーで約15分、山田社長が作った中国現地法人の貿易会社だ。フロアに一歩足を踏み入れると、100人はいるだろうか、あちこちから日本語が聞こえてくる。

「すごい賑やかだね。何人くらいいるの？」

「日本語のできる社員が50人くらい、検品部が70人くらいですね。福田市場の近くにも1か所あって、そこも日本語のできる社員が70人くらい働いていますよ」

合わせると200人近い。

「でも、私が入社した時は、社員1人の会社だったんですよ」

周さんは4年前に入社した。大学では日本語学科で学んだものの、当時は日系企業が続々と撤退して就職先が少なかったという。仕方なく短期間のアルバイトと思って入社したのが山田社長の会社だった。

「私と一緒に入社した人がもう1人いて、社員3人になったとき、山田社長が言ったんです。『ぼくたちでイーウーでナンバー1の貿易会社を作るんだ。日本と中国の橋になるぞ！』って。日本人の起業家が中国で商品を発注すれば、起業家と中国の工場、両方が儲かって中国人の生活も向上する。日本人の起業家は夢が叶えられるし、中国人の生活が豊かになれば日本の商品を買ってくれたり、日本観光に来るようになる。そうやってお互いの理解が進めば、紛争も起こらないし皆が幸せになる。だからナンバー1の貿易会社を作るんだ、って。ほら、田中さんが持ってきてくれたのも」

と、田中くんが持ってきた紙袋を指して言った。

山田社長から預かってきたものだ。そういえば、中身はオモチャとだけ言われたけれど、何なのか見てなかった。

開けると樹脂製のフィギュアが丁寧に包装されていた。田中くんも見たことがある、人気アニメのキャラクターだ。

「中国でも大人気なんですよ。それは限定品で、中国ではなかなか買えません。誰かが、社長に頼んで買ってもらったんです」

中国で生産されているものは中国から日本へ。一方で、キャラクターコンテンツやデザイナー商品、自然食品など日本ならではの高付加価値な物は、日本から中国へ。

その最前線に立つのが、貿易という仕事なのだ。

「この会社の社員は、みんな日本が好きなんです。留学した人もいるし、日本旅行にもよく行くんですよ」


そういえば、ルナちゃんも中国語を勉強していて将来は中国に行きたいと言っていた。この会社は、山田社長の理念に共感した人たちが集まっているんだ。

ただ売り買いを仲介するだけなら、人は集まらない。素晴らしい商品を探したり、作ったりしてマーケットに届けながら、社会をよりよい姿に変えていく。田中くんは、今は目の前の売り上げしか考えられないけれども、いつか自分の理念を作ってビジネスをしていこうと誓った。

ブレイクした瞬間を経験！

帰国して10日後には両方のサンプルが届き、少し高いが縫製が丁寧で、品質の良いほうに注文をした。トートバッグ、1000個だ。納期は2週間。

1カ月後には、トートバッグのほかLED電球や加湿器など、山田社長が仕入れたものと一緒に船便で届いた。これを商品登録して倉庫に入れるのも店長の仕事だ。

田中くんは段ボールを一度ほどき、イーウーで付けてもらった**商品バーコード付きのタグをバーコードリーダーで読み込み、棚番号を入力していった。**こうして登録しておくと、あとでどの棚にしまってあるのか、在庫がいくつ残っているのかが一目瞭然でわかる。

個人でビジネスを始める場合、どこかのタイミングで商品の管理が大変になる。田中くんも、ベルト、長財布まではよかったが、扇風機は商品の置き場に困り、最後のほうはどこに置いたのかを忘れてしまい、母親と家中を探すというハプニングもあった。

やはり数が多くなってきたら、倉庫管理するシステムの導入は必要だと思った。

トートバッグを倉庫にしまいながら、感動でちょっと涙が出そうになった。あれこれと手間をかけて仕入れた商品だけに、愛おしさが込み上げてきた。

「がんばって売るからな」

田中くんは、小さな小声でトートバッグに話しかけた。

その週末、田中くんは朝からセカンドドアに来ていた。ルナが昼過ぎに遊びに来るという。そして、トートバッグの**動画**のモデルになってくれるというのだ。

ヤフオクやアマゾンで販売したときは、写真しか載せられなかったが、今回は自社サイトでの販売だから動画を掲載することも可能なのだ。ユーチューブなどの動画サイトに載せれば、無料で簡単に動画を公開できる。

今回のトートバッグの特徴のひとつは、収納ポケットが多いこと。実際に彼女が持って歩いたり、持ち物を収納する動作を撮ることで、どのくらいの大きさか、また便利かをわかってもらえるだろう。

どんなアングルで撮ろうかなど考えていると、ルナがやってきた。

「お待たせ！　動画撮ろっ！」

今日はリクルートスーツではなく、普段着である。田中くんは、時間が逆戻りしたような錯覚を感じた。ケンカする前のように、仲良くなりたいと思った。

どの角度がよく見えるか、特徴が伝わるかなどを2人で話し合い、田中くんが自前のスマホを構え、ルナがモデルとなって動画と静止画を撮れるだけ撮った。

その日の夜から、1個、また1個と注文が入り出した。トートバッグの出だしは好調で、1日10個、20個と注文数が伸びていった。最初は1000個の仕入れだったが、売れ行きを見て山田社長はすぐに1000個を追加した。それでも、1カ月経たずに売れてしまいそうだ。

「ここまで伸びるとは思わなかったよ。ちょっと驚いた」

と社長はほくほく顔だ。

しかし、そのすぐ後にさらに社長をびっくりさせるミラクルが起きた。

季節は師走になろうとしていた。

田中くんがコピー機の営業先を出て、コートを羽織ろうとしたとき、電話がかかってきた。ルナからだ。

彼女が仕事中に電話をかけてきたのは初めてだ。これは只事ではないと感じ、営業先を出るとすぐさま電話に出た。

「あ、田中さん？　大変！　すごいチャンスだよ！」

「え？　チャンス？」

一体何だろう。

「トートバッグよ、イーウーで作ったトートバッグ。いま、**テレビのワイドショーで紹介されてる！**」

「テ、テ、テレビ？」

彼はびっくりすると、頭の文字を繰り返すクセがあるらしい。

「そう！　テレビ。もうすぐ新年でしょ。それでファッションアイテム特集をやってるの！」

新年や新年度など季節の変わり目には、財布やバッグを新調する人が多いのだろう。テレビや雑誌では、特集が組まれる。ルナもそんな1人なのか、テレビを見ていたらしい。

「やった！　ママドルのコメンテーターがすごく褒めてる！　私も欲しいって。田中さんが付けたブランド名も画面に出てる！　こりゃ、注文がくるわよ！」


ルナの言葉は本当だった。

その日の帰り、セカンドドアに行くと自社のネットショップも楽天のショップ合計で1000件を超える注文が入り、社員の機転ですでに予約受付中に切り替えられていた。それでもしばらくの間、1日100件の注文が入る状態が続いた。


結果的に、1カ月で1000万円近い売上になった。

商品は自社のネットショップ、楽天のショップ、アマゾン、ヤフーショッピングで販売していたが、他のショッピングモールや、アメリカやシンガポールのショッピングモールからも出品オファーが来た。大手雑貨チェーンからの卸販売の問い合わせもあり、田中くんは有給休暇をとって商談に出掛け、定価の55％で卸すことが決まった。

田中くんは、心底よかったと思った。これで少し山田社長にお礼ができた。

商品納品はお客様との大事な接点

トートバッグのヒットで、田中くんの毎日はさらに忙しくなった。

商品の梱包や発送も彼の担当だが、とても1人では追いつけない。ほかの社員たちも総出で毎日出荷が続いた。


今日もまた、同じ作業の繰り返しだ。

納品書を折りたたみながら、「あれ？」と田中くんはあることに気づいた。

それは、買ってくれたお客様の名前を前にも見た記憶があったのだ。

「この人、セカンドドアでの買い物は今回が3回目だな」

と誰にともなく声に出していうと、

「それじゃあ、なにか特別なことをしなくちゃ」

と返事が返ってきた。山田社長である。今日は日本にいたらしい。

「はぁ、特別なことですか？」

「だって、何度もうちで買い物をしてくれているんだよ。ありがたいことじゃないか。その気持ちを伝えたほうがいいと思わないかい?」

山田社長は、「**手書きのメッセージ**を添えてね」と言った。

「商品のお届けは、数少ないお客様とのコミュニケーションのチャンスだよ。お客様がこのショップのファンになってくれれば、もっとリピートしてもらえるかもしれないよね」

田中くんは、ペンをとり、できるだけ丁寧な文字で、何度も買い物をしてくれたお礼、そしてこれからもよろしくお願いしますと、お客様へのメッセージを書いた。

「あ、それからね。**梱包のガムテープは、端を折り返しておく**とお客様があとで開けやすいよ。小さなことだけど、自分のためにしてくれたと思えば誰だって嫌な気はしないよね。これからは、それも実践してみてよ」

「わかりました。必ずやります」

田中くんは返事をした。小さなことの積み重ねだが、こうした努力が信頼を勝ち取り、ファンを増やすことになるんだと、しみじみと思った。

ピンチをチャンスに変える！

トートバッグの受注が少し落ち着きを見せたころ、田中くんは商品を入れ間違えて**クレーム**をひき起こしてしまった。

アロマディフューザー（加湿器）を買ってくれたお客様だった。ピンクを希望したのに、黄色のディフューザーを発送してしまったようだ。あまりにバタバタで、色を見間違えてしまったのだ。

お客様から、担当者に謝罪させろ！　と強い口調でメールが来ていた。相当立腹だということが文章から見てとれる。気は進まないが、担当者はもちろん田中くんだ。ため息をつきながら、「色ぐらいでそんなに怒るなよ」と受話器を手に取った。

すると、背後からいつものように声がした。山田社長は

「田中くん、ここでの対応が大事だよ。**しっかり謝って、最後にはキミのファンになってもらいなさい**」

と言って去って行った。

「ファン？　こんなに怒ってるのに？　そりゃ、無理じゃないかな」

田中くんは誰にともなく返事をして、お客様に電話をかけた。

15分ほど話したか、電話を切ったら汗がどうと吹き出してきた。

田中くんが懸命に謝ると、お客様の態度は軟化した。引っ越しを機会に新しいディフューザーを置こう決めた。せっかくなら自分の大好きな色にしたいと思ってピンクを注文したのに、一番苦手な黄色が送られてきた。ずっと楽しみにしていただけにショックが大きかったと言われた。

そうだよな。楽しみに待っていたのに違うものが届いたら、裏切られたような気分になるよな……。お客様の話を聞くほどに、田中くんの反省の気持ちは大きくなった。

「お客様、大変申し訳ありませんでした。すぐに代わりの商品を発送します。もう1日待っていてください。今度こそピンクをお送りしますから。それにしても引っ越しは大変ですよね。ピンクがお好きなら、うちのピンク色の掃除機をご存じですか？」

と押し売りするわけでもなく会話を進めると、お客様は「じゃあ、ディフューザーと一緒に掃除機も送ってください」と言った。

決して安い買い物ではない。しかし、どうせ必要なものだからと快く注文してくれたのだ。そして、「また利用させてもらいますから」と電話を切った。

田中くんは不思議な体験だと思った。怒っていた人が最後は、また利用すると言ってくれた。社長の言っていたのは、こういうことか。**相手の立場で考えて動く**ことが、結果的に自分に戻って来るのだ。

解説

CHECK POINT

信頼できる代行会社・サポート会社を選ぼう！

海外から商品の輸入を代行してくれる代行会社、現地での買い付けで通訳や交渉を代行してくれるサポート会社、どちらも輸入ビジネスを進めていく上では欠かせない存在だ。ここでは、信頼のおける会社（業者）をどのようにして探せばよいかを学ぼう。

●代行会社、サポート会社を選ぶポイント

・日本人スタッフが現地に常駐しているか

何かのトラブルに巻き込まれたときに、コミュニケーションが取りやすいのは、やはり日本語で心置きなく話せる相手。万が一の場合に備えて、日本人スタッフが常駐している会社を選びたい。

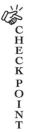

解説

・これまでの実績があるのか

ホームページに魅力的な言葉を並べている業者はたくさんある。しかし、会社としての実績はどうか。たとえば、サポート会社でアテンドを手配する場合、実務経験が1年以上ない人では満足に仕事ができない場合が多い。福田市場は広いため、アテンドが慣れていないと目的の商品に辿り着くまでに半日かかる事態も起こりうるのだ。

・営業許可証・貿易権を持った正規の会社か

中国政府に届け出をせずに業務を行っている会社もある。中国国内での営業行為は許可制だ。ワイロを渡せばうまく事が運んだのは昔の話。現代の中国は法治国家になりつつある。無届け業者の摘発は日常茶飯事で、突然業務を停止する代行業者も後を絶たない。もちろん商品や代金もうやむやになる。なにか問題が起こっても自己責任で対処するしかないので、営業許可証の有無は事前に確認しよう。

解説

CLOSE UP!

選ぶなら、日系(日本人経営)企業を選ぶのがおすすめ

代行会社、サポート会社の選択に迷ったら、日系（日本人経営）の会社を選ぶとよいだろう。中国人の会社が悪いわけではないが、日本との商習慣の違いや、中国製品でよく問題になる「品質」について、日本のマーケットで求められるレベルを理解してもらうのはなかなか難しいようだ。代行会社、サポート会社はあなたの輸入ビジネスの重要なパートナーになる存在だ。選ぶ際には数社にコンタクトを取り、対応の早さや内容、スタッフの態度などを考慮し、納得のいく相手と組むようにしよう。

第8章 田中くん、輸入商品の日本代理店になる

他人のやらないことをやろう！

山田社長のもとでネットショップを手伝って半年がすぎた。彼の作ったトートバッグは、一時期の爆発的な売上ではなくなっているものの、相変わらず売れ続けている。セカンドドアのネットショップの売上に、多大な貢献をしたのは間違いないだろう。このことは、田中くんにも、非常によい経験だった。一つひとつ、大事なことを積み上げていけば、必ず結果は出る。行動を通して大きな自信を得ることができた。


新しい年を迎え、テレビでは桜の開花予想が聞かれる時期になっていた。

「もうすぐ1年か。早いなぁ」

輸入ビジネスに出会ってから本当にいろんなことがあった。辛いことも経験したが、それ以上にうれしいことや楽しいこともたくさん経験した。山田社長に感謝しなくちゃなと、田中くんは改めて思った。


「やあ、来たね。おつかれさま」

いつも通り、会社帰りにセカンドドアへ寄ると、山田社長がコピー機を覗き込んでいた。

「新しい注文ですか？」

さすがに、トナー切れですかと聞くのは失礼だろう。

「うん。でも、その前に……。紙づまりらしい」

「どれ、見てみますよ」

「いや、助かるな」

田中くんは、くすくす笑いながら、コピー機の奥に引っかかっていた紙を取り除いた。再起動すると、コピー機の中にたまっていたＦＡＸがどんどんプリントアウトされて出てきた。

「へぇ。ずいぶんありますね。品物は何が多いんです？」

「まぁ、いろいろだね。しかし、今回は生活家電が結構あるな」

山田社長はそういうと、注文書の束をデスクに置き、田中くんに向かって言った。

「**キミ、総代理店になる気はない？**」

「総代理店ですか？」

「そう。海外の商品の取引窓口になるんだ。日本でその商品を扱うときには、どの小売店も必ず総代理店から買う。**日本での販売権を独占できる**から、すごく儲かるよ」

「それは魅力的ですね」

「それに、メーカーと違うから開発費用はかからないよね。在庫も販売するだけ持てばいいから、大きなリスクを背負わなくてもいいんだ」

「資金がない僕にはありがたいですけど。でも、自分の会社もないのに、総代理店になれるんですか?」

山田社長はにやりと笑って、「そこがポイントだよ」と言った。

「普通の人は、個人が総合代理店になれると思っていないけど、相手の会社が信用してくれさえすれば別に不可能なことじゃないんだよ。無名のメーカーを見つけて一緒にビジネスを大きくする。その気概があればね」

そう言って、山田社長はテレビでよく見る海外の調理器具の名前を出した。

「どこも最初は無名なのさ。商品を広めるプロモーションも必要だけど、一番大切なのは品質だね。品物が良ければ評判は口コミで広がっていくから」

田中くんはなるほどと相づちを打った。

「でも、どうしたんです? 急にそんな話をするなんて」

「実はさ、来月、香港で大きな生活雑貨の**見本市**があるんだよ。家電のブースも出るから見に行こうと思ってるんだ。最近家電を仕入れたい人も増えているしね。よかったらキミも行かないかい？　週末をはさんで開催されるから、会社を休まなくても行けるし。その気があるなら旅費も出してあげるよ」

「本当ですか！　うれしいな」

「この半年、キミにはすごく儲けさせてもらったからね。それなのにずっとアルバイトの時給しか渡してなかっただろ。だから、どこかでボーナスを出したいと思っていたんだ。よかったら総代理店に挑戦してごらん。僕に投資させてくれよ」

「あ、あ、ありがとうございます！」

「会場には海外に向けて自分達の商品を売り出したい会社が揃ってる。**日本に入る前に良い商品を見つけて、その権利を交渉で勝ち取ってよ**」

山田社長は、彼に香港までの航空券と、仕入れの元手になる100万円を出すと申し出た。

ここで彼は、その後の進路に関わる商品と出会うことになる。

小さな扇風機の総代理店になる

金曜日の夜に日本を出て、香港に入った。

課長には、「祖母がどうしても香港に行きたいというから」と、言ってある。

相変わらず、

「いい身分だな。気楽に旅行に行けてさ。観光先で、契約先見つけて来てくれよ」

とイヤミを言われたが、田中くんがニッコリ笑って、「そうします」と答えると、

「ふんっ!」

と、課長は腕組みをしたまま横を向いた。


週末の出来事だからわざわざ課長に報告することもないのだが、うれしくて、つい「香港に行く」と口を滑らせてしまった。しかし、課長の皮肉は思っていたほど激しくなかった。

その一つの要因は、田中くんの成長にあった。

田中くんの業績は少しずつ上向いていた。お客さんからの評判もよかった。彼は、きちんと商品の特徴を押さえた説明をするように心がけ、お客さんから故障の連絡が

あると、すぐに現場に駆けつけて対応した。一つひとつは小さな行動だが、課長の耳にも「田中くんのおかげで助かった」と取引先からの声が届いていた。

相変わらず課長の「田中！」が「田中くん」に変わることはなかったが、以前よりも課長が田中くんに頼む仕事は増えていた。それだけ信頼されているということだ。

課長の顔、傑作だったなぁ。

香港の空港に降りながら、田中くんは思い出し笑いをした。到着ロビーに出ると、山田社長が「田中くん。ここだよ！」と手を振っているのが見えた。

その日はホテルに直行し、翌朝、フロントの前で社長と待ち合わせをした。

会場でどんな商品に出会えるか。ゆうべは興奮してなかなか寝付けなかった。なにかいい出会いがある。田中くんにはそんな予感があった。

翌日の朝、山田社長と田中くんはホテルで朝食を取り、その足で見本市の会場に向かった。

イーウーの福田市場も広くてびっくりしたが、今回の見本市会場も圧倒されるような広さだ。世界各地から有名、無名を問わず家電メーカーが自分たちの売りたい商品を持ち寄り、集まってきている。それぞれのブースが決して小さいわけではないのだが、会場の広さからすると、細切れにされているようにも思えた。

「今年の夏も、**省エネ**がテーマになるだろうから、それに関わるものがいいだろうね」

夏の省エネ家電と言えば、陳に騙された小型扇風機を思い出す。田中くんはちくりと胸が痛んだ。しかし、ここには陳はいない。いるのは本当に信頼できる山田社長なのだ。

2人並んで展示ブースを眺めながら歩いた。気になった商品があったら立ち止まり、本当に良い商品かどうかを2人で検証した。

すでに会場に入って5時間くらいは経っただろう。

「疲れたねぇ。そろそろお昼にしようか」

「そうですね」

山田社長に言われて振り向いたとき、田中くんの視界のすみで何かが光った。目をこらすと、それは小型扇風機のようだった。会場の照明が扇風機のボディに反射して光ったのだ。

会場でも奥まって目立たない場所、しかもブースの規模も小さい。でも、田中くんはなんとなくそのブースが気になった。

「社長、ちょっとだけいいですか」

と、ブースの前まで歩いてみると、展示されているのは、その小型扇風機のみであった。

声をかけると、山田社長より少し若く見える男性が応対に出た。出された名刺を見ると、この会社の社長だった。


「日本人ですか?」

ブースの社長が日本語で聞いてきた。

「ええ、日本語話せるんですね」

「日本の大学院に留学していたことがあるんです」

とりあえず、言葉が通じてよかったと、田中くんは胸をなで下ろした。

横で山田社長は黙って見ている。

「商品はこれだけですか?」

「ええ、うちは小さなメーカーですから、そんなにいくつも開発はできません」

社長の話によると、会社があるのは上海で、数人の従業員でほそぼそと続けているらしい。社長はそこの2代目で、下請け仕事ばかりの零細会社をなんとか建て直したいと、自社オリジナルとして開発したのがこの小型扇風機だった。


「デザインがいいですね」

シンプルで機能的。それでいて、丸みのあるフォルムには親しみが感じられる。日本人に好まれそうなデザインだと田中くんは思った。


「仕入れ値はいくらですか？」

「FOBで10ドルです」

山田社長が、「**FOBは、メーカーさんが港で出荷するまでの金額**のことだよ。**船便代や日本での通関料などは含まない金額**ということだね」と教えてくれた。

「日本円で約1000円か……」

この手の扇風機が5000円くらいの相場で売られていることは、陳と取引したときに調べてわかっていた。諸経費を考えてもかなりの利益が出せる。

「社長、この商品どうでしょうか」

「デザイン的にはいいね。性能はどうかな」


その場で使ってみたが、小型でもしっかり風がくる。しかも音が静かだ。

「悪くないな」

山田社長と田中くんは、顔を見合わせてうなずいた。

「キミ、ＰＳＥの問題もクリアしないといけないね」

田中くんはうなずいて、

「この商品、僕に扱わせてもらえないですか？　日本で販売するには、法令で定められた技術基準をクリアしていなければいけません。この扇風機がきちんと基準に適合しているかどうかを検査機関で確認してもらい、ＰＳＥという認証を得る必要があるんです。数十万の費用がかかりますが、それは僕が負担します」

「それはありがたい話ですね」

メーカーの社長の顔がほころんだ。

田中くんはさらに続けて言った。

「ただし、この商品に関しては日本の総代理店を僕にしてほしいんです」

「総代理店ですか……」

しばし考えて、メーカーの社長は答えた。

「いいですよ。その代わり、年間で1万台は買うと約束してください」

仕入れの単価が日本円でおよそ1000円。1万台仕入れるとなると、1000万円が必要になる。しかし、相手にしてみれば自分たちの未来がかかっている商品だ。それを委ねるとなれば、この要求も無理はない。

田中くんは深く息を吸い、ゆっくり吐いた。

「1万台買えるように努力します。でも、最初の年からは難しい。最初の年は2000台。3年後には年間1万台にします」

田中くんは熱意を持って交渉した。

山田社長も、「彼なら、このビジネスを大きくできるはずだ」と横から援護してくれた。

メーカーの社長は、もう一度深く考え、そして言った。

「わかりました。一緒にやりましょう。この商品を日本の市場で育ててください」

田中くんは飛び上がって喜んだ。

代理店としての第一歩を踏み出すことができるのだ。

日本に戻ると、早速販売の準備にとりかかった。

香港にいる間に、山田社長から投資してもらった100万円で1000台を仕入れる算段はつけてきた。山田社長はPSEの検査費用も出すと言ってくれたが、それは断った。

検査費用くらいは、この半年間のセカンドドアでのバイト料でなんとかなりそうだったからだ。ネットショップの店長をしながら、いつか自分のビジネスを始めたときのためにと、バイト料は手つかずに貯めていた。それをこんな形で生かすことができて、田中くんはうれしかった。

検査が完了するまではかなり時間がかかるが、検査が問題なく進めば、夏の販売にギリギリ間に合いそうだ。

リスクを回避する道をつくる

もう一つ、田中くんは山田社長から言われていたことがあった。それは、保険への加入だ。

「キミ、自分で輸入事業をするなら、**PL保険**に入っておくべきだよ」

「PL保険ですか？」

「そう。海外から輸入した製品に欠陥があって、それがもとでお客様がケガをしたり、お宅に被害をもたらしたりした場合に保証してくれる制度だよ。そういう保険に入っていれば、この前の陳に騙された事件でも、リコール費用は出せていたはずだね。あのときはたまたまお母さんが助けてくれたけど、次回からはそうはいかない。自立するためにも加入しておくといい」

「すぐ調べて、申請します」

事業にはさまざまなリスクが伴う。陳との出来事は、その意味でも自分にいい教訓をくれたと思っている。人に甘えていた自分にも気づかせてくれた。

「自分で自分の責任をとる。大人にならなくちゃ」

そうつぶやいて、田中くんは保険代理店に電話をして加入の相談をした。

良い商品が巻き起こす、グッドスパイラル

ＰＳＥ検査も完了し、商品が田中くんの手元に届いたのは、8月直前だった。

小売価格は1台5000円と設定した。持ち帰ったサンプルを使い、いつも通りに伝えたいことをわかりやすくまとめた。ＰＳＥマークのある、安全な商品であることもきちんとうたった。

時期的にはかなり遅めのスタートだったが、出品直後から注文が入ってきた。残暑が続き、まだ需要は伸びていた。しかも、店頭在庫が切れそうな**小売店からまとまった注文**が多く入ってきた。地域でいくつかの支店を経営するようなチェーン店から注

文が入ったのもラッキーだったといえるだろう。

小売店への卸価格は小売価格の40％、2000円だ。利幅は大きくないが、1回でまとまった数の扇風機を注文してくれたおかげで、当初の仕入れ1000台は半月ほどではけてしまい、その売上で田中くんはさらに扇風機を1000台仕入れることができた。

これで、今年のメーカーとの約束は無事に守ることができたのだ。


追加の1000台も、8月の終わりにはほぼ完売した。残暑の厳しさがあったのはもちろんだが、小型扇風機の性能やデザインが評判になったことも、売上を後押ししてくれたと思う。

ツイッターやフェイスブック、ブログで、ユーザーが「かわいい」、「予想以上に快適」、「こんなものがほしかった」などとほめてくれたおかげで、瞬く間に商品が認知されたのだ。

田中くんは商品にたしかな手応えを感じていた。


「来年はもっと早い時期から仕掛ければ、ひょっとして1万台まで伸ばせるかもしれない」

彼は上海のメーカーの社長に、お礼と喜びの報告をした。

社長からは、会社のスタッフみんなで喜んでいると、返事がきた。

宝物は世界中に埋もれている!

来年こそは扇風機を本格的に……などと田中くんは考えていたが、意外なことに、9月に入ってからも注文は続いた。夏場は扇風機、冬場は暖房の風を循環させるサーキュレーター代わりに使うという人が増えたためだ。

田中くんの見つけた扇風機のデザインは、よほど日本の消費者に気に入られたらしい。ブログでは扇風機を擬人化し、いろいろな場所に置いて写真をアップするようなものまで現れた。ありがたいことだ。

「本当に良いものであれば、お客様がファンになって育ててくれるんだ」

と、田中くんは思った。

そして、もっともっと海外のおしゃれな商品を探してみたい、日本のお客様に紹介してみたいと思うようになった。

「こんにちは！　田中さん。サードドア、儲かってます？」

9月半ばを過ぎたある日、いつものようにセカンドドアで梱包作業をしていると、ルナの明るい声が聞こえた。

扇風機の総代理店として仕事を始めた田中くんは、晴れてセカンドドアの店長を卒業した。いまは中途採用で入社した社員が店長としてがんばっている。

「田中さんのレジェンドを塗り替えますよ！」

と、意気込みだけはすごい。

ただし、田中くんには自分で事務所を借りられるほどの資金はない。それでセカンドドアのフロアの一角を間借りさせてもらったのだ。家賃は、セカンドドアのネットショップの発送業務を手伝うことで許してもらっている。

扇風機の総代理店として、彼は自分の屋号を「サードドア」とした。山田社長のセカンドドアがあったから、自分は新しい出発ができた。そんな意味をこめて考えた名前だ。山田社長からは、「なんか、安易だな」と言われたが、聞かなかったことにした。

「な、な、なんだよ」

ルナの呼びかけに田中くんが照れくさそうに言うと、ルナはニヤニヤしながら、

「聞きましたよ。扇風機、売れてるらしいじゃないですか～。さすが、伝説の男！」

と、からかうように言った。

田中くんは自分が耳の先まで赤くなっているのを感じた。

「からかわないでくれよ。それより、今日はどうしたの？」

「ネットショップの様子が気になったから。店長も変わったしね」

「新しく入った彼もがんばってるよ。先輩、ちゃんとアドバイスしてくれよ」

「わかってるって。任せておいて」

ルナは早足で新店長のもとへ向かった。画面を見ながらあれこれ話しているようだ。

はつらつとしたルナの表情を眺めながら、「やっぱりかわいい」と思った。

田中くんは、この日、思い切ってルナを食事に誘った。といっても、駅近くの居酒屋だが、ルナは「やった、田中社長のおごりね！」と、喜んでＯＫしてくれた。

「ルナちゃん、就職はどうなったの？」

「うん。おかげさまで小さな貿易会社だけど内定をもらえそう」

「よかったじゃない！　おめでとう」

田中くんは自分のことのようにうれしかった。一浪して、そこそこに勉強していた自分とは大違いだ。あらためて、ルナは偉いと思った。

「アジアをメインに輸入をしている会社だから、いつかは中国に仕入れにいくこともできるかもしれないわ」

「そうしたら、イーウーで会うかもしれないね」

「そうよ！　イーウーでデートしてね！」

「えっ！」

田中くんは思わずビールを持ったまま立ち上がってしまった。

「やだ、そんなに驚かないでよ」

ルナはコロコロと笑う。そして、

「いろいろ情報交換もできるってこと」

田中くんは足の力が抜けて、そのまま椅子に腰を落とした。

「これだから、若い子は……」

田中くんだって25歳のはずだが、おじさんくさい口調になる。


「田中さんは、これからどうするの？」

「そうだな。まだ決め切れてはいないけど、良い品をもっともっと探して、日本のマーケットに紹介したいという気持ちが強くなったよ」


今回の扇風機のことで、本当に良いものであれば、消費者がファンになってくれると感じたことをルナに話した。

ルナは時折うなずきながら、黙って彼の話を聞いた。

「そうね。そうかもしれない」

「世界には、そういうものがまだまだたくさんあると思うんだよ。とくにアジア圏は、未開拓なものがたくさんあると思う。この小型扇風機みたいに、多くの人から愛される商品を、メーカーと一緒に育てていけたら面白いと思うよ」

ルナは田中くんの顔をジッと見つめていた。

「田中さん、前よりもずっと、ずっといい顔になりましたね」

「な、なんだよ。そんな急に。照れるじゃない」

指先まで赤くなりそうなほど照れている田中くんに、

「わたし、田中さんと会えてよかった」

と言った。そして、

「サードドアの活躍、期待してますよ！」

田中くんの背中をバンッ！　とたたいて笑った。

経済自由人としての旅立ち

今年も年末がだんだん迫ってきた。

掃除機の大ブレイクから約1年。時が経つのは本当に早い。

田中くんは、相変わらずコピーの販売をしながら、輸入ビジネスを続けていた。さすがに小型扇風機の注文もなくなったが、販売で得た利益でほかの商品も少しずつ仕入れ始めている。順調に売上もあげられるようになってきた。

しかし、年末は本業のほうも忙しい。年末年始は、どこの会社も休みになるため、暮れの挨拶や点検訪問の合間をぬうようにして伝票の処理も早めにしなくてはいけない。おかげで毎日残業だ。

商品の発送はセカンドドアのスタッフに、別途バイト料を払って任せてあるから心配はないのだが、数日足を運べないとやはり寂しい。今日は行けるかもしれないなと思いながら電卓をたたいていると、課長に呼ばれた。

「田中、ちょっといいか?」
「はい、課長。なんです?」
「前にお前がくれた顧客管理のフォーマットあったよな。試してみたが、本当に良くできていると思ったよ」

課長からほめられるなんてめったにない。田中くんは素直に喜んだ。

「ありがとうございます!　使ってもらえてうれしいですよ」
「あのフォーマットを、営業全員で使おうと思うが、どうだ?」

「いいと思いますよ。それぞれのデータが共有できれば、時間をもっと効率的に使えますよね」

「うん。私もそう思うんだ。いくら契約、契約と怒鳴ってても始まらないしな」

「課長、少し費用はかかるかもしれませんが、社内のイントラを整備するといいかもしれないですね。僕たちは、最新機種のコピー機を提案しに行っていて、『社内のネットワークが充実します』と説明しているのに、会社のシステムは古いままです。自分たちで体験してみることも大事だと思います」

こんな話を、掃除機のサンプルを取り寄せるときに山田社長に聞かされたなと思いながら、田中くんは課長に言った。

課長は「検討してみよう」と答えた。

その日は、久しぶりにセカンドドアに行くことができた。

田中くんは、アルバイトスタッフと交代して商品を梱包し始めた。そして、手を動かしながら来年のことを考えた。

来年は、小型扇風機をもっと前倒してアピールしていきたい。そのための準備も必要だ。お客様に飽きられないように、アイテム数も増やしていきたい。もちろん、新しい商品との出会いを求めて海外にもでかけたい。

「そろそろ、進む道を決める時期だな」

と思った。コピー機販売の会社も嫌いではないが、いまはやっぱり**輸入ビジネスの可能性をもっともっと探ってみたい。**

年が明け、正月ムードがようやく抜けたころ、田中くんは課長に辞表を出した。

課長はとくに驚いた様子はなかった。

「気持ちは固いんだろうな」

「はい。ようやく自分の夢を見つけたんです」

「夢だけでは食べていけないぞ」

「大丈夫です。夢は必ず叶います。やる気さえあれば」

課長はそれ以上、何も言わなかった。

田中くんと入れ違いに、社長が入ってきた。

「おい！　お前、これはどういうことだ。社内ネットワークの予算を捻出したいだと？　売上は前年を超えていないのに、何を言ってるんだ」

すごい剣幕で、課長にくってかかる。部長があわてて後ろから社長にとりついた。田中くんが振り返ると、課長は、「いいから、行け」と手を振った。田中くんは深々と一礼して、会社を出た。

儲ける人は行動している

残務処理をし、会社を退職したのは、それから1カ月後のことだった。会社では課長が社長をなんとか説得し、新しいシステムの導入が決まった。田中くんもプロジェクトメンバーの1人として、自分の意見を言った。

退職の直前に、なんとかシステムのめどがついた。運用まで見届けることはできなかったが、それでも会社にこれまでのお返しができてよかったと思った。

最終日には、営業の有志が送別会を開いてくれた。驚いたのは、課長が同席してくれたことだ。「がんばれよ」とひと言、激励をくれた。

退職の翌日、田中くんは早速セカンドドアにでかけた。

「今日からは、自分の好きな時間に作業ができるな」

自由な時間が得られたことの解放感は、正直、予想していたよりも大きかった。

場所は相変わらず間借りのままだが、独り立ちを期に新しい事務所を探し始めるつもりだ。最初は狭くても、いつかはセカンドドアのように、おしゃれなデザイナーズマンションのワンフロアを借りられるようになりたいと思った。


「やぁ、会社を辞めたんだって？」

山田社長が田中くんの借りている一角まで歩いてきた。

「はい。これからは本格的に輸入ビジネスをやっていきます」

「がんばってね。期待しているよ」

山田社長は、「あ、これお祝い」と言って、龍の置物をくれた。

「風水でお馴染みの龍だよ。商売繁盛の縁起物だから」

「ありがとうございます」

「キミと知り合ってもうすぐ丸2年か……」

「ええ、早いような短いような。本当にお世話になりました。社長がいなければ、僕は今ごろどうなっていたか。会社もクビになって、職探しで途方に暮れていたかもしれません」

「いや、結局はキミの決断があったからここまで来られたんだよ。初めて会った時に話したと思うけど、輸入ビジネスは、誰でも簡単に始めることができるビジネスなんだ。しかも、それほどリスクをかけずに儲けることができる。でもね、踏み出さなければ進めない。商品を仕入れなければ、売ることはできないんだ」

「まさにその通りですよ。僕は社長のお手伝いをさせてもらいながら、自分で考えて行動することの大切さを知りました」

「もちろん、すぐに行動を起こすことに躊躇があるなら、あとでやってもいい。自分の人生なんだから無理に急ぐ必要なんてない。キミも、自分の気持ちを決めるまでに2年かかったもんね。でも、よくよく考えたから、今はすっきりしてるんじゃない?」

田中くんは力強く「はい」と言った。

輸入ビジネスを知って、いろんな体験をした。楽しいことばかりじゃなかったのも事実だ。しかし、それでも自分は輸入ビジネスを続けたいと思った。

「迷いはないですね。自分の夢を実現するために、がんばりますよ」

海外の良い品物を輸入して、日本にもっと紹介したい。

その夢を山田社長にも話した。

「楽しそうじゃないか！　キミが3年後にどんなふうに成長しているのか楽しみにしているよ」


3年後、自分はどうなっているだろうか。ルナちゃんはもう貿易会社で仕事をしているはずだ。仕事に慣れ、海外にでかけることもあるかもしれない。


3年後、ルナちゃんと海外でデートしよう。

そうだ。夜景の見えるホテルのレストランで。

そして、彼女に、とっておきのスカーフをプレゼントするんだ。

前にお土産のスカーフを買った、あのイーウーのお店でね。

今度は最高級のシルクを使った、彼女のためだけのデザインで仕立ててもらおう。

田中くんの胸は、未来への希望でいっぱいに膨らんでいた。

解説

CHECK POINT

輸入ビジネスをするなら、代理店を目指そう!

田中くんは香港の展示会で出会った電機メーカーの日本総代理店になった。日本国内での販売権をもつことは、山田社長が彼に話したように、大きな利益が期待できる。輸入ビジネスを展開するうえで、一つの目標となる形態だろう。個人でも契約を結ぶことは不可能ではない。積極的にチャレンジしてみてはどうだろうか。

●総代理店とは?

ある商品について、特定の国や地域、マーケットでの販売を一手に行える代理店のこと。今回の田中くんのように、日本で商品展開を考えている海外メーカーと総代理店契約を結ぶと、ほかの代理店は商品をメーカーから直接輸入して販売できなくなる。日本国内で販売される商品のすべてが田中くんのところから販売されるのだ。

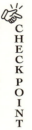

解説

●総代理店のメリットは？

・商品の販売窓口を独占できる！

他の代理店や販売店は総代理店を通じて商品を展開する。そのため、扱う数量が大きくなり、それに乗じて売上の増加も期待できる。

・初期投資費用や在庫のリスクがない！

商品開発そのものはメーカーが行うため、開発に関わる初期費用を投資する必要がない。また、必要な数量だけメーカーに注文すればよいので、自分で在庫を抱え込むリスクもない。

・未発掘の商品を開拓するおもしろさがある！

メーカーとともに商品を育て、マーケットを育てることができるため、ビジネスの面白さをリアルタイムに実感できる。

・個人でも総代理店になれる！

気づいている人は少ないが、個人でも総代理店契約を結ぶことは可能だ。「個人では無理だ」と最初から諦めている人が多い分、積極的に動けば、権利を獲得できるチャンスは大きいと言えるだろう。

解説

CLOSE UP!

総代理店への最短距離、展示会にでかけてみよう！

独占販売権・総代理店になるための最短距離は、海外で開催されている展示会に出かけること。展示会に出展しているということは、積極的に販路を探しているということだからだ。

中国広東省の広州では、世界最大の消費材見本市「広州交易会」が年2回開催されているほか、香港は貿易立国だけあって毎月大規模な展示会が開催されている。開催日程はＪＥＴＲＯのホームページで確認できる。

http://www.jetro.go.jp/j-messe/

あとがき

この数年で日本と中国を取り巻く状況は一変しました。中国では中間層の増加により日本旅行がブームとなり、爆買いという言葉に代表されるように旺盛な購買力を見せるようになりました。中国人がわざわざ日本まで来て大量に買っていくこの時代に、「中国からモノを仕入れて日本で売るビジネス」が成り立つのか。これは私がよく聞かれることのひとつです。

その答えは、まさに本書にあります。改訂版を出すにあたって改訂作業を進めていくうちに分かったことがありますが、それは輸入ビジネスの基本は何も変わっていなかったということです。仕入れや販売場所といったノウハウは最新のものに改めましたが、大筋は変わりないのです。

本書の中でもご紹介していますが、中国からの輸入ビジネスには、

・圧倒的に価格が安い
・日本で生産されていない商品が多く、市場で競合しない
・旅費がリーズナブルで買い付けにも行きやすい

・多少円安になっても元々の粗利益が高く、利益が出しやすい

といったメリットがあります。

その中でもイーウーには

・卸売市場なのに、比較的小ロットで購入できる

・工場が多く、小ロットでもカスタマイズやOEMに対応してくれる

という長所があり、個人で輸入ビジネスを行う者にとっては、非常に有利な場所なのです。

生産現場には月給5万円のワーカーさんが続々と集まり、ミシンやプレス機といった大量の設備があります。こうした生産資源を、大手商社でも大企業でもなく、一個人が活用できる時代なのです。

さらに、主要な販売チャンネルであるインターネット通販も、年々市場が拡大しています。ネットで物を買うということも、もはや生活の一部になりました。今、ものすごい追い風が吹いているのです。

本書の主人公である田中くんも、最初はおそるおそる10本のベルトを仕入れることからスタートしました。そして現地でトートバッグを仕入れ、目先の利益に目がいってしまい大失敗を経験しつつも、やがてオリジナル商品を作り大ヒットを飛ばします。実は、このような「ものづくり」こそが、中国輸入ビジネスの醍醐味なのです。日本で生産するとサンプル生産の段階で莫大なイニシャルコストがかかるところが、イーウーなら1万円以内で収まります。さらに田中くんは、日本にない商品を海外で見付けて独占的に輸入する総代理店にもなりました。これらに共通することは流通の最上位である「メーカー」になるということです。

1個で1000円の純利益が出る商品を1日20個販売すると、1カ月で60万円の利益です。こんな商品を2種類持つだけで、月収は100万円です。商品を作った後は、在庫チェックや顧客対応など。1日1時間もかかりません。まさに本書のタイトルにある、1日1時間で月収100万円――これは、誰もが持てるチャンスなのです。

「輸入ビジネスって面白そうだ」

そう思われたらぜひ、田中くんに続いて下さい。最初は副業で良いのです。

成功のためには、何を置いても「まず、やってみる」ことが大切です。

最後になりますが、本書改訂版の発行にあたっては自由国民社の井上はるかさんをはじめ、多くの方のご支援を頂きました。本当に感謝しております。

そして読者のあなたへ。成功を心より応援しています。

中国・イーウーの自宅にて

著者

著者プロフィール

佐藤 大介（さとう だいすけ）

起業家、中国輸入ビジネスコンサルタント。中国貿易サポート会社イーウーパスポート代表。

2006年に起業、カネ無し・コネ無し・経験無しで中国輸入ビジネスに参入し、２年目に年商４億円を達成。現在は世界で５社を経営し中国を中心にアジア各地の生産現場や市場を回りながら、起業家の育成に取り組んでいる。

埼玉県春日部市出身、中国浙江省イーウー（義烏）市在住。

輸入ビジネスがすらすらデキる本

2013年８月30日　初版第１刷発行
2020年10月25日　第２版第２刷発行

著　者　佐藤大介
発行者　伊藤　滋
印刷所　新灯印刷株式会社
製本所　新風製本株式会社
発行所　株式会社 自由国民社
〒171-0033 東京都豊島区高田3-10-11
TEL03-6233-0781（代）　振替00100-6-189009
協力　株式会社天才工場
本文デザイン＆DTP　㈲中央制作社
カバーイラスト　くろにゃこ。／株式会社サイドランチ
カバーデザイン　JK